JN070687

Peu importe ce qu'il arrive!

Pouvoir de survivre

何 が あ っ て も だ い じ ょ う ぶ ！

乗り切る力 SOSの自分を救い出す
セルフケア8ステップ

藤沢あゆみ *Ayumi Fujisawa*

ヒカルランド

Prologue

つらいとき、助けを求められるひとはいますか?

　こんにちは、藤沢あゆみです。

　2003年から本を書き始め、28冊の本を出しています。

「乗り切れない……」

　あなたは、ピンチに陥ったとき、SOSを出せる場所があり
ますか?

　乗り切れないことがある、でもどこに助けを求めていいのか
わからない。この本はそんなあなたのために書きました。

　2020年、突然の嵐のように　たったひとつのウイルスが、世
界をピンチに陥れました。どこにどのようにSOSを出せばい
いのかわからない。

　2020年4月、WITHコロナの社会を乗り切る力になればと、
自分のブログに「乗り切る力」というタイトルのコラムを書き
始めました。自分で描いた、疫病を収めると言われるアマビエ
のイラストを添えて。

　理不尽なことって、実は、自分を強くしてくれます。だけど
その渦中にいるときは、なかなかそのことに気づけません。あ
なたが経験した理不尽なことのすべてを、乗り切る力に変える
方法を提案したくて、この本を書きました。

この一年、あなたを救ったものはなんでしょうか？　くじける日もあったかもしれませんが、あなたにいまがあるのは、あなたが自分を救い続けてきたからです。

　よく、乗り切ってきましたね。

　嵐の後には虹が出ます、その虹をかけたのは、他でもなくあなた自身です。

　この本を手にとってくれたあなたにオススメしたいことがあります。

　「わたしなら乗り切れる」そう誓ってページを開いてください。

　この本を、読み終えたあなたが「乗り切れた！　何があってもだいじょうぶ！」と思えていることを願って。

　　　　　　　　　　　　　　　　　　　　　　　藤沢あゆみ

contents

Step 3 「将来の目的や未来が見えてきません」
まずは今できることから行動してみよう

Step **6** 「孤独、さみしい思いが湧き上がってきます」
あなたを救うつながりをどう創りだすか

Step **7** 「恋愛・パートナーシップがうまくいきません」
心から望むしあわせをつかむ具体的なやり方

Step 8 「喪失感で生きるのがつらいです」
もうだいじょうぶ！ 全肯定で未来を照らす方法

Epilogue
あなたの乗り切る力を信じよう！… *230*

カバーデザイン　yuko mucadeya + nao fukushima (musicagographics)
カバーフォト　Fast&Slow/PIXTA
イラスト　藤沢あゆみ
校正　麦秋アートセンター

「いつも心配や不安、怖さがつきまといます」

自分に向き合う ささやかな覚悟を持つ

Step **1**

アマビエ

1 不安でたまらないときは、
　何があってもだいじょうぶと決めよう

2 怖くて行動が起こせないときは、
　とことん怖がろう

3 逆境から抜けられないときは、
　対策をイメージしよう

4 自分に OK を出せないときは、
　周りを無視しよう

5 失業したら、
　収入にならなくてもしたいことをやろう

6 やりたいことが見つからないときは、
　楽しそうで喜ばれることを見つけよう

7 ひとと比べて落ち込むときは、
　すごいひとのイケてない時代に注目しよう

8 自分には価値がないと思うときは、
　そんな自分をガン見しよう

9 孤独に耐えられないときは、
　自分の望みをかなえてあげよう

10 ひとにやさしくなれないときは、
　そんな自分をゆるそう

1　不安でたまらないときは、 何があってもだいじょうぶと決めよう

「いつも不安でたまりません。突然心配になって、 得体の知れない怖さが頭を離れなくなることがあります」

　漠然とした不安がある、怖くてたまらない、そんな相談をよくいただきます。

　突然コロナウイルスのような疫病が大流行し、仕事も楽しみも失ってしまう、不安が現実化する経験をして、不安や心配が強くなったひともいるでしょうか。

　不安を乗り切りたいときに、オススメのアクションがあります

 何があってもだいじょうぶと決めよう。

　いや、無理でしょ？　実際だいじょうぶじゃなかったじゃん！　そう思いましたか？

　だいじょうぶです。あなたが、そう決めたならだいじょうぶな人生になります。

　漠然とした不安が、現実になってしまう経験をすることこそ、まさに「何があってもだいじょうぶ」を実感する機会です。

　これまであなたは、心配性だねといわれたことがないでしょうか？　だけどあなたの心配は根拠のないことではなく、現実

になることもある、心配が可視化される経験、ここを乗り切ったら、これからの人生、大概のことはクリアできるでしょう。

　2020年、コロナウイルスは、世界じゅうで流行しました。影響のないひとは、ほとんどいませんでした。つまりあのとき、世界じゅうの仲間と一緒に乗り切ったのです。いまも乗り切っている最中かもしれません。ある意味、平等です。国が、国民全員に10万円を配る事態になるなんて、その最たるものです。

　人間、自分だけがつらい目にあうと、つらさを余計に、大きく感じます。

　だけど、みんなつらいと「つらいね」と言い合っても、あのひと暗いとか、気にしいだとか、言われることはありません。

　コロナウイルスに限らず、不安が現実化される経験をすると、ひとが、本当はずっとおそれていたことに向き合わざるを得なくなり、本腰入れて、クリアしていくことになります。そのとき、何十年もクリアしていなかった、本当のなやみが終息するときが来ると、わたしは思っています。

　大切だったものを、突然失ったとき、実は、これまでまったく意識したことがないものがやってきます。

　わたし自身の経験をご紹介しましょう。コロナウイルスの流行をきっかけに、わたしはZOOMで相談に乗ったり、友だちと飲み会をするようになりました。ひとは会うことが一番でZOOMは補助的なものに過ぎないと思っていましたが、

ZOOMはいまやなくてはならないものになっています。

　マスクをつけることになり、かわいい手作りマスクと、服を
コーディネイトしました。マスクがおしゃれアイテムになるな
んて、以前は考えられなかったことです。

　ZOOMのランチ会を開くのに、料理を作ることを楽しんだ
り、マスクを主役にしたコーデを考えるとか。ひとはどんな環
境にあっても、自分の大切なことを守るようです。

　**つまり、わたしたちは、何があっても自分らしさを失わない
ということです。**

　あなたの暮らしの中にも、何かを失ったときは、新しいもの
が入り込んでいませんか？　それらは、最初使い勝手が悪いと
思っていたのに、いつの間にかなくてはならないものになって
いる。

　これまでも、わたしたちはそうして変化してきました。何か
を失うことは、新たなものを得ることなのかもしれません。

　当時、店を開けられない食べ物屋さんが、マスク作りを始め
たり、料理の材料を店先で売っていました。それは、ずっとで
きることではないし、十分なことでもないでしょう。だけど、
わかったことは、同じ状態が永遠続くわけではないという事実。

　ひとは突然、あるのがあたりまえだと思っていたものを、失
うこともあるとわたしたちは知りました。しかも、自分にまっ
たく落ち度がないのに。

変化を強いられることが人生のデフォルトだとしたら、失うことは少し違って見えないでしょうか。

　商売人の人生として、食べ物屋からマスク屋になることもある。

　かつて、そんな状況はとても悲惨に思えましたが、いまや、誰の身にも起こることで、まったく恥じることではなくなっています。

　心配性のひとは、感性が鋭いひとです。そんなあなたにお伝えしたいのは、未来を信頼すること。わたしたちは失うこともあるけど、必ずそのとき必要なものを手にする、だからだいじょうぶ、まずはそのことを信じてください。

STAYHOME
関係ない気が…

やり過ぎ…

新しい楽しみ
「トータルしうちコーデ」

ZOOM映え
できてる？

うちのなかでも
華のあるねぶんだい…

2 怖くて行動が起こせないときは、 とことん怖がろう

「思い切って環境を変えたいのですが、怖くて飛び込む勇気が 出ません」

ひとが、怖いと感じるのはどんなときでしょうか。

それは、得体が知れないときです。まだ体験していないから、 よいイメージができないのです。そのココロは、わからない、 失敗したくない。

どんな仕事や体験が待ち受けているのか、自分はちゃんと仕 事ができるのか、うまくやれるのか、そこにはどんなひとたち がいて、自分を受け入れてくれるのか。

なかには、得体の知れないこの状態にワクワクするひともい ます。なぜワクワクできるのかと言えば、わからないから上手 くやれないかも知れないことや、失敗するかも知れないことを 受け入れているから。

未経験のことはどこまでいっても想像の範囲を出ません。つ まり、怖がってもどうなるかはわからないのです。怖いのはあ たりまえ。ダメなことではありません。

新しい環境に飛び込む恐怖を乗り切る、 オススメのアクションは

> 心ゆくまで怖がること。わからないから怖いなら、
> 気になる情報があれば見まくり、
> 恐怖心を感じ切ってみよう。

　これくらい怖いのかとわかったとき、ひとの気持ちは、クールダウンします。

　おばけ屋敷で一番怖いのは、おばけが出るかも知れないと思っているときで、おばけに遭遇してしまうと、案外、こんなものかと思ったりしませんか。

　怖い目にあったひとの気持ちは、クールダウンして冷静になり、そのあと、少し安心に向かいます。

　おばけは、遭遇してしまえば終わりですが、最初に怖いと思っていたとおり、新しい環境になじめなかった、だけど避けられない。そんなときはどうしましょうか？

　実は、経験するとその環境が受け入れがたいものであっても、どう折り合うか、ひとは無意識に答えを探し始めるのです。その答えが正しいか正しくないかは関係がありません。

　人間、知ってしまうと前より怖くなくなる、そのことを覚えておいてくださいね。

3 逆境から抜けられないときは、
対策をイメージしよう

「逆境にハマって抜けられません」

逆境と言われて一番最初に思い出すのは、手術しないと即死するという病気にかかったときのことです。わたしはそのとき、何かにとりつかれたように、当時付き合っていたひとに手紙を書きました。そうすると、不思議と心が落ち着いて行きました。

よくドラマで、事故にあったり、病気で倒れた主人公が、次の場面では病院のベッドに寝ているシーンがありますよね。

人間、本当にヤバいときは誰かに助けられます。

もっと究極なことを言えば、孤独死しても発見され、そのとき周囲は大騒ぎになるかもしれませんが、自分自身は天国に行っています。

病気で亡くなっても、天国に行ったひとには痛みがないそうです。死んだことがないのでわかりませんが、要は、人間としての最後は安心であるようです。

抜け出せない逆境を乗り切る、オススメのアクションは

どんな嫌なことが起こりそうか、
ありありとイメージして、
その対策を自分なりに明確にしてみよう。

あたりまえのことのようですが、いざ逆境にはまると思考停止してしまいます。しかるべきところに相談する前に、自分なりの答えを出してから動く。逆境と対策はセットで考えてください。

　お金がなくて生活できない？　調べてみると、国から融資や補助を受けられる話が見つかります。それだけでまかなえるかはともかく、ひとに頼ることができそうです。

　何もやる気にならないときは、何もしなくてもいいのではないでしょうか？

　会社に行きたくないのに行けと言われる。行かなくていいです。

　不安の正体、それは嫌なことが起こったとき、そこから逃げられないと思うことです。

　思い込みです。逃げられます。逃げると摩擦が起こるかもしれない。ですが、あなたやあなたの大切な存在が生命を脅かされそうだと思うなら、自分の意志を通せばいい。

　逆境にハマるとき、それは、本当はいつでも行動を選べ、対策は存在するのだということを実感できるときなのです。

4　自分に OK を出せないときは、 周りを無視しよう

「どうしても自分に OK が出せません。わたしより大変なの

に明るくふるまっているひともいるのに」

「自分に OK を出すこと」は、わたしの一貫した活動テーマです。

　NHK の取材を受けて自分の活動についてお話ししたとき「自分に OK を出す」というわたしの一言が、テロップになりました。

　ありのままの自分に OK を出せないひとが、等身大の自分に OK を出すことで、リラックスして本来の自分の魅力や能力を発揮できるとお話ししました。

　あなたより大変なのに、明るくふるまえるひとは、なぜそんな風にできるのでしょうか。その答えは、めちゃくちゃ大変だから、です。大変だからこそ、そんなことでなやんでいる場合ではないのです。

　きつい現実に対処するには、自分を嫌がっている場合ではありません。強制的に、自分に OK を出して、対処するっきゃないんです。

　そもそも、自分に OK を出せないという感覚は、他のひとと比べて自分はイマイチだと思ったときに起こります。しかし、目の前のことで精一杯だと、他人なんかどうでもよくなります。あなたが、自分より大変な他のひとを気にしていられるのは、まだ余裕があるからです。

　自分に NO を出したい気持ちを乗り切る、
　オススメのアクションは

周りのひとは一切無視して、
自分自身に集中すると決めよう。

　自分に OK を出せているとは、誰が何を言おうと、いまがどんな状態であろうと、ありのままの自分を受け入れている状態に自分を置くことです。そんなひとたちには、まわりからの尊敬、つまり、OK が集まっています。

　そんなひとに比べて、自分はダメだ、と、行き詰まっていますか？

　自分に OK を出せない気持ちを突き詰めていくと、行き着くもののひとつに、収入があります。なぜなら、数値化されてわかりやすいからです。収入が低い→自分に OK を出せない、このサイクルに陥っていませんか？

　まずは、いまの状況が何も変わらなくても、自分がやりたいと思うことに打ち込んでみてください。それが自分に集中することです。

「収入にならなくても、やりたいことはなんですか？」

5　失業したら、収入にならなくても　　したいことをやろう

「コロナで失業してしまいました。わたしには飛びぬけたものもないし、これからどうすればいいのか、先が不安でたまりま

せん」

　長い人生、突然失業することもあります。だからって自分のことをダメだなんて思う必要はまったくありません、特に、コロナウイルスや、自然災害など非常事態に陥ったときは、経済活動が止まり、突然失業してしまうことも日常茶飯事です。これまで一生懸命働いてきて、ときにはそんなこともあると思えばいい。

　人生のなかでは、思いがけなく自分の仕事が注目されたり、必要とされなくなったりということが起こるのです。

　失業した不安を乗り切る、オススメのアクションは

> **休暇をもらったつもりで、**
> **仕事についてゆっくり考えてみよう。**

　お気に入りのカフェや、うちの中でもリラックスできる場所で、おいしい飲み物やスイーツを用意しましょうか？　そして、考えてみてください。
「お金にならなくても、わたしがしたいことってなんだろう？」

　いまの仕事を失ったから、次はどんなことで生計を立てるか、ではなく、収入がないいま、お金にならなくてもやりたいことは何かを自分に問うのです。
　この問いを自分に向けると、自分が人生において何を大切に

したいと思っているかがわかります。

　どうせお金にならないのなら、本当にやりたいことをやってみましょう。

　わたしたちおとなは、何かをやるなら、収入だったり、社会的に意義があることや、他人にとってのメリットを生み出さなければと思いがちです。

　人生のなかで、本当にやりたいことに打ち込んでみる、そんな時間もあっていいのではないでしょうか。それは、のちに振り返ると、とても豊かな時間となるはずですが、日々の仕事に忙しいときにはなかなか取り組む余裕がないことです。

　失業したいまこそチャンス。他人のためや社会的意義なんて置いておいて、あなたが心の底からやりたいことを考えて、それをやってみてくださいね。

6　やりたいことが見つからないときは、
　　楽しそうで喜ばれることを見つけよう

「収入にならなくてもやりたいことをやろうと言われても、
**　いいアイディアが浮かびません」**

「私、あゆみさんのコーデが好きです」
　コロナウイルスが流行し、STAY HOME になり、出かけられなくなったとき、わたしは自分のコンサルティングを受けて

くれた女性のことばを思い出しました。

「そうだ、おうちコーデをやろう！」

　誰にも会わないとなると、おしゃれしても意味がないと思うのが人情ですが、毎日写真をSNSにアップすることになれば、嫌でもおしゃれする。

　そこで、「おうちコーデ」と銘打ち、STAY HOMEでうちにいる自分のその日の服の全身写真を撮り、インスタグラムのストーリーに、期間を100日と決めて毎日アップし続けました。この企画は「おうちコーデ100日チャレンジ」として、インスタグラムやブログに残っています。

　そして同時に、オンラインサロンでライブ配信も始めました。オンラインサロンとは、毎月課金制で見たいひとだけが参加できるインターネットのコミュニティーです。ライブ配信は、スマホに向かって話すだけで、全身が映るわけではありませんが、セミナーを行っているようなことですから、おしゃれしてキリッとしているほうがその空気が伝わると思い、ヘアメイクも整えました。

　やりたいことがわからないあなたに、オススメのアクションは

あなたができそうだ、楽しそうだと思えることと、ひとが喜んでくれそうなことの交わるものを見つけよう。

　収入にならなくてもしたいこと？　そんなことより仕事を探さなきゃと気持ちが焦るかもしれません。ですが、こういうときこそ、お金にならなくてもやりたいことをやることで元気を取り戻せて、それが次の仕事を見つける気力につながります。

　わたしにとって、おしゃれをすることは楽しいし、見たひとがうちにいてもおしゃれしようと思ってくれたり、ライブ配信で話を聞いて元気になってくれたらうれしい、と、自分のやりたいと喜ばれそうが交わるところを見つけました。

　お金にならなくてもやりたいことが、楽しいと喜ばれそうの交わるところにあると最高です。そんな何かを探すことそのものも楽しんで取り組んでみてくださいね。

7　ひとと比べて落ち込むときは、
　すごいひとのイケてない時代に注目しよう

「周りのひとはうまくいっていて、自分だけがうまくいきません。取り残された気分になって落ち込みます」

　自分がうまくいかないのに、うまくいっている周りのひとのことが気になってしまう。

　そのひとは、ずっとうまくいっていたのでしょうか?

　そのひとの駆け出し時代を見てみましょう。まだ軌道に乗っていないときから、自分のやることに集中し、周りには見えないところでジタバタして、準備した結果がいま出ているのです。

　そのひとが明るいから、才能があるからじゃなくて、周りを気にする余裕などはなく、なやんでる場合じゃなかったからです。

　ひとと比べて落ち込む気持ちを乗り切る、
　オススメのアクションは

> そのひとのイケてない
> 駆け出し時代の活動に注目しよう。

　他人のことを気にしていられるうちは、余裕です。

　火事が起こり、目の前に炎が迫ってきたとしたら、あのひと

はうまく逃げてズルい、あのひとは財産を運び出せていいな、なんて言ってる場合ではありません。

　着の身着のまま逃げませんか？　他人のことなんて、どうでもよくなっちゃいます。

　あなたが周りのことを気にし始めたということは、向上心の表れです。いまのままでは納得できなくなったから、うまくいっている他人に目が向き始めたのです。

　自分だけがうまくいかないと思うときこそ、自分だけに向き合うチャンスです。
　自分がうまくいっていないとき、うまくいっている他人が気になるものですが、そんなとき、気になるひとに会いに行くと、刺激を受ける反面、ますます自分との違いに落ち込んだり、気が散ってしまうものです。

　コロナウイルスの影響で、むやみにひとに会いに行くことがむずかしくなりました。この状況はやがて収まり、自由に行き来ができるようになるでしょう。ですが、この生活様式の変化を味方につけて、自分にしっかり向き合うことをオススメします。

　むやみにひとに会いに行かなければ、あなたを焦らせるひとや、おびやかしに来るひとにまどわされることはありません。

　あなたがひとと自分を比べているとしたら、誰もあなたをおびやかしに来ていないのに、わざわざ自分の近くに持ってきてなやんでいるだけです。

　そりゃ、なやもうと思えば、いくらでもなやめるし、他人と比べようと思ったらいくらでも比べられます。
　ですがここは、うちでじっくり、これからの自分自身のことを、考えてみてはいかがでしょうか。
　それだけでも結構、脳みそも心も消耗します。他人のことに使う容量、残っているでしょうか？

　あなたは、自分を落ち込ませるうまくいっているひとと、接点を持たないでいられるのに、そういう対象を見つけてきては、なやみごとをつくっていませんか？

　どうせなら、そのひとを、自分ごとに活用しましょう。
　そのひとはどのような駆け出し時代を乗り切り、いまうまくいっているのか、そのために何をやってきたのか、興味を持ってながめてみませんか？

　そのひとが本を出版していたら、本を読むのもいいでしょう。SNSを見てみるのもいいですね。気になってつい見てしまうという見方ではなく、積極的に、ドキュメンタリー番組や映画を見るように、ながめてみるのです。

自分の知っているあのひとだと思うと比べてしまうけど、映画やドラマの主人公なら客観的に娯楽として楽しめませんか？会いに行くのもいいけど、あなたのペースで少し離れたところから他人を観察してみるのはいかがでしょうか。

　そのとき、そのひとは、あなたをなやませる存在ではなく、あなたの未来の希望になります。世の中のあらゆることを、これからの自分のために、観察して、活用しましょう。
　すべてのなやみごとは、すべてあなたの味方にできるのです。

8　自分には価値がないと思うときは、 そんな自分をガン見しよう

「自分には生きている価値がないと思ってしまいます」

　自分に価値を感じられなくなること、誰にでもあるんじゃないでしょうか。
　そんなときは、誰とつながっているとか、こんな仕事をしているとか、一切盛らないあなた自身が、どんな価値を生み出せるか、とことん突き詰めることをオススメします。

　自分には価値がないと思うとき、オススメのアクションは

 あなた、という素材をガン見しよう。

　わたしが価値を生み出せるかって？　飛び抜けた技術や才能がないから、ガン見したところでそんなもの何もないと思うでしょうか。

　コロナウイルスが大流行しはじめたとき、SNSで、見た光景があります。

　縫わないで手作りマスクを作る方法を、シェアして喜ばれてるひとがいました。

　弱さをシェアしてくれるひとに共感コメントが集まっていました。

　コロナウイルスにかかった体験談を、発信しているひとの動画やブログに、感謝のコメントが集まっていました。

　ひとつの曲をオーケストラのようにみんなで演奏する企画をたちあげ、多くのひとが参加していました。

　備蓄した食材で、おいしいおうちごはんのレシピを公開しているひとがいました。

　あれから、ひとが価値があると感じるものが、これまでとは変わってきています。

　あらゆるひとが、さまざまな価値を生み出していました。

　実はどんなときも、等身大の自分自身で、生み出せる価値は色々あります。あなたが不安を感じやすいひとならば、そんなあなただからこそ、同じ不安を感じているひとが本当に求めることがわかるのではないでしょうか。

　あなたの本当の価値とは、あなたそのものです。立派なこと、すごいことだけが、価値ではありません。こんなことが？　と

思うようなことに、ニーズがあるのです。

「ひとに共感されることを見つけましょう」とは、よく言われるビジネスのセオリーですが、ありのままの自分の気持ちに蓋をしないで、「同じような気持ちのひとはいないかな？」と考えてみて、その気持ちを表現しましょう。

ありのままのあなたの気持ち、それこそがあなただけの価値なのです。

9 孤独に耐えられないときは、 自分の望みをかなえてあげよう

「40歳、独身です。彼氏も好きなひともいない。時々、猛烈にさみしくなって、このままずっとひとりなんじゃないかと、孤独に耐えられなくなることがあります」

あなたは、全くひとに会わずに過ごしたことがありますか？

わたしは、72日間連続で、誰にも会わずに過ごしたことがあります。

正確には、スーパーやコンビニに行ったり、オンラインでひとと話したりはしましたが、友だちや家族など、自分を認識してくれるひとと会うことが3ヶ月以上なかったのです。

コロナウイルスが流行し、緊急事態宣言が出されていたので、ひとり暮らしのわたしは、生活必需品の買い物や、オンラインの仕事やオフ会以外でひとに会いませんでした。

「もしも、このまま誰にも会えなくて、ひとりで生きていくことになったら」

思わず、そんな思いが頭をよぎりました。

オンラインサロンで、毎日ライブ配信したり、ZOOMでお客さまやサロンの仲間と話したり、自分から家族や友だちにLINE電話したり、ZOOM飲みに誘ったりして、意識的に、ひととつながるようにしていましたが、自分は、ずっとひとりで生きていました。

なんとなく孤独を感じるのではなく、物理的に孤独な状態を体験することで、孤独感というものは、どんなにつながりを持っても生まれるもので、72日ぶりに、友だち夫婦と会ったときは、グッとくるものがあり、生身のひとでなければ、解決できない領域が、ひとにはあるんだなと実感しました。

「ひとりで生きるって、こういうことなのか」

その感覚を知ることができた、とても貴重な体験であり、ひとつの覚悟が生まれました。

このままずっとひとりだったとしても、わたしは生きてゆける。

孤独をリアルに体験することで、この程度の孤独感なのかと実感したのと同時に、なんとかなるんじゃないかとも思えたのです。

SNSを見ると、独身でひとり暮らしではないひとも、さみしいとつぶやいていました。家族構成とさみしさには、因果関係がないようです。独身でひとり暮らしのひとだけが孤独を感じるのかといえば、どうやらそうではないようなのです。

　なぜなら、わたしたちには家族がいても、友だちや仲間や仕事のパートナーとつながり、独立した存在として生きてきたからです。四六時中、家族と一緒にいることで、仲間が尚更恋しくなった、そんなひともいるかもしれません。
　わたしは、ひとは元々ひとりである、そのことを実感しました。

　あなたが日々さみしさや孤独を感じているなら、いまが格好のチャンスです。これまでの社会にあったひとりはカッコ悪い、みじめだ。そんな概念は、不要不急の外出を避け、多人数で集まらないことが推奨された経験を経て、吹っ飛びました。
　天涯孤独？　独居老人？　引きこもり？
　それは特別悲惨で、社会問題のようになっていたけど、全員、ひとりになった社会が強制的にやってきました。独身でひとり暮らしをしているひとは、誰にも会えなかったときのことを、ちょっと思い出してほしいのです。
「なんか、乗り切れるんじゃね？」
　そう思いませんでしたか。

　孤独を乗り切りたいとき、オススメのアクションは

> 常に自分と会話して、
> 自分の望みをかなえてあげよう。

　これって実は、誰でも、日々やっていることです。「歯を磨く？　それとも先に着替える？」「今日は先に着替えようかな」そして望みどおり、着替える。そんなこと意識したことがないと思いますが、ひとつひとつ意識してやってみてください。

　そしてもうひとつは、ひとりになること、さみしいと思うことを特別にするのはやめよう。

　ひとは、突然ひとりになることがあり、それをさみしいと思うことは、全然恥ずかしくなんかありません。

　ありのままの気持ちに素直に、さみしいときは、SOS を出ぜばいい。あなたがさみしいと言えば、共感してくれるひとが必ず現れます。ひとは、どこまでいってもひとりで、そして、ひとりじゃない。

　だいじょうぶです。人間、死ぬときはみんなひとりですから。天国に行く予行演習ばっちりだくらいに思っておきましょう。

10　ひとにやさしくなれないときは、
　　　そんな自分をゆるそう

「何だかいまって、ひとが、他人に厳しい気がします。殺伐としていませんか？」

確かに、違う考え方のひとをゆるさない感じがありますね。

ネットでみんなが発信しているので、ひとを批判するのが簡単で、届きやすくなっていることもありますし、コロナウイルスのような理不尽で解決しない出来事が起こると、ひとのフラストレーションが溜まり、責める対象を探し、対立の図式が出来上がります。

最前線で働いている医療従事者や、スーパーの店員さんが差別を受け、感染したひとたちが特定される。

マスクをせずに歩いているひとや、営業しているお店が責められる。実家に帰ったら犯罪者のように扱われる。そして逆に、マスクをしているひとを、洗脳されていると揶揄するひともいて、マスクをする派、しない派の争いが起きました。

みんなが疑心暗鬼になり、寛容さを失いました。

「やさしさはどこに……?」

さて、ひとがひとにやさしくできないのは、どんなときだと思いますか? そのわけが、コロナウイルスが蔓延していたときの状況を思い出すとよくわかります。

コロナに感染したひとが、わざとウイルスをばらまくような行動に出ました。ただでさえ、拒絶されるのに、なぜそんな行動を取ってしまうのか。

その理由は…

怖いからです。

　命を失うかもしれない、ひとから責められてしまう、恐怖で正常な判断ができなくなっている。そんな恐怖にさらされているひとを、発症したことがないひとが責める。

　ひとをゆるせないのは、恐れからであり、恐れは、弱さから来ています。

　では、弱さは、どこから来るのでしょうか?

　それは…

愛です。

　愛したい気持ち。愛されたい気持ち。

　コロナにかかった自分は、愛されない。嫌われる…だから、ウイルスをばらまいて、世間を試す行動に出てしまう。

　そんなひとに遭遇した周りのひとは、自分は我慢しているのにと、非常識なひとがゆるせなくて、社会から抹殺するくらいどこまでも責め立てずにはいられない。

　最前線で働くひとが、差別されるなんておかしいし、コロナのウイルスをばらまくのも、もってのほかです。

　だけど、そうなってしまうほど、そのひとは追い詰められている。

　そんな人間の弱さも、受け止められたら、ひとは、強くやさしくなれます。それは、何よりも自分自身を、楽にしてくれる

ことです。

　受け止めるとは、正しいとみとめるべきということではなく、人間、追い詰められるとそうなってしまうこともあると、想像力を働かせるということ。

　いまは、弱さという未熟な愛が、本当の愛になる途上にあるのだと、長い目で世の中を見てみませんか?

　ひとが怖いと思うとき、
　それを乗り切るオススメのアクションは

ひとを思いやるより、恐れが先に立つ、
そんな自分をゆるそう。

　だって、怖いですよね。だって、不安ですよね。
　あなたの素直な感覚に蓋をする必要はありません。

　同時に…あなたがゆるせないひとたちも、怖いのです、不安なのです。

　最後に、あなたにさらなる上級アクションを
　お伝えしましょう。

> 理不尽に攻撃を向けられたら、
> 恐れがそうさせているのかもしれないと、
> 想像力を働かせてみよう。

理不尽をゆるせたとき、ひとの不器用な愛に気づくでしょう。

自分をゆるしてあげてね。

「すぐに自分自身を
責めてしまいます」

心の制限を外せば
新しい自分を発見できる

Step **2**

11 明るい未来が見えないときは、
   ネガティブに OK を出そう

「いまの気分が未来の現実をつくるなら、嫌なことが解決しなくてもいい気分でいないと明るい未来にならないんでしょうか?」

　明るい未来を見ようにも、いいことがまったくない。コロナウイルスもいい加減落ち着くかと思いきや、また緊急事態宣言? 自然災害もそう。地震に一度見舞われたら二度と来ないわけではない。災難は何度もやってくるのが現実です。

　人間、嫌なことは排除したいもの。災難がいつ起こるかわからない、解決していない状況は、落ち着かないですよね。

「いつになったら平和な世のなかになるんだよ!」と言いたくなりますが……

　実は、災難があるときこそ、いまの言動が、未来をつくっていることを実感するいい機会です。

　あなたがこれまで乗り切ってきた災難を思い出してください。コロナウイルスや、自然災害、大病をしたひともいるでしょうか。

　それは、いまも解決していないかもしれません。

　ところで、あなたは一番大変だったとき、どんな風に過ごし

ていましたか？

「いつもふさぎこんでネガティブに過ごしていました。いまの
言動が未来をつくるなら、わたしには明るい未来がやってこな
いということですか？」

　言い知れない不安になったひともいるでしょうか？
　だいじょうぶです。不安になるのも無理はありません。
　むしろ、不安なのに不安を感じていないふりをして、自分の
気持ちを押さえ込んでいると、その無理は後から必ず出てきま
す。
　あなたの心はいま、晴れていますか？

　あなたが感じた不安を、素直にしっかり味わい、表現できた
としたら、その時間は、間違いなく未来のあなたにとって意義
ある時間になっていますよ。

　ポジティブになれない気持ちを乗り切る、
　オススメのアクションは

 ネガティブな自分に OK を出そう。

　ありのままの自分の気持ちを振り返り、そのすべてに OK を
出してください。
　「あのときは不安だったなぁ。泣いた日もあった、元気が出な

い日もあった、一日中パジャマで過ごした日もあった。いまも正直不安だ。ポジティブになんて行かない。これがわたしだ」

そして、自分をしっかりねぎらってください。

「待って。だけどいま生きているってことは、わたしあの大変なときを乗り切ってきたのか…わたし結構偉いじゃん」

泣きながら、サボりながら、落ち込みながら、わたし、よく乗り切ってきたなぁ。

おつかれさま、自分。

本当に、何があってもだいじょうぶとは、困ったことが起こっても気丈に耐えることではなく、困ったことが起こったとき、困ってしまう自分をそのまま受け入れること。

あなたにいまがあるということは、しんどかったあのときを乗り切ってきたからです。

終わりよければすべてよし、と言います。

デートのとき、大げんかしても、最後仲直りして別れたらなんだかいいデートだったという体感になりませんか?

あなたには、あのときを振り返って、無条件に自分をねぎらってほしいのです。

なんの災難もない平和ってないのかもしれない、だけど、ここを乗り切ってきたあなたなら、何があっても乗り切れます。

災難に遭う前、あなたは、不安も恐怖も体験していませんで

した。

いまのあなたは、それを体験して、心の免疫を獲得しています。

ウイルスの免疫を獲得するように、心にも免疫が必要です。

あなたはそれを、獲得しているのです。

あなた個人だけではなく、地域も、国も、世界も経験値を積んでいます。これは、みんなが総力を挙げて希望の未来をつくっているということです。

だから、だいじょうぶ。これまでのすべてに OK を出して、いまをねぎらうことで、あなたは希望の未来を手にするでしょう。

12　負債を背負ったときは、
　　　自分の選択に OK を出し助けを求めよう

「一大決心をして開業したのですが、開業してすぐにコロナの影響で負債を背負ってしまいました。甲斐性もないのに独立したことが恥ずかしいです」

YouTube で、ある社長さんが、コロナウイルスのあおりを受けて、たくさん展開していた事業のすべてをたたむ話をされていました。

自分が命を絶てば、保険金が下りて、家族が助かる、そんなことも考えた。

　ハードな話でした。だけど、社長さんのことばに、なぜか、力をもらいました。

　事業が継続できなくなっても、自分の価値がなくなるわけじゃない。いま無職になるのは間違いじゃない。むしろ、確実に戻る未来のために、いったん、事業を手放すのだと。

　ここで、自分を責めてしまうと、経営が立ちいかなくなるのに仕事を手放せず、さらなる泥沼に落ちてしまいます。社長さんの、いまを受け入れ未来を見ている姿に、自分のいまにも、OK をもらった気がしました。

　こんなリアルの物語が、いろんなところで、繰り広げられました。あなたも、そんな物語の渦中にいるのですね。

　そもそも、誰かが失敗なんてゆるさないと言ったわけじゃない。豊かで失敗しないことがかっこよく、経営難に陥るのは恥ずかしいと勝手に思い込み、等身大のいまに OK を出していなかっただけ。

　つまずいたいまに OK を出し、再起を語るひとの姿は、なんとすがすがしく、美しいのでしょうか？　自分に起こったことは、そんな風に見られないかもしれない。ですが誰かがつまずいても立ち上がる姿に、自分のいまに OK を出された気持ちになったこと、あなたも、ありませんか？

「コロナのせいにしたいのが正直な気持ちです。キャッシュが回るように経営できてなかった自分が情けない」

ありのままの気持ちでした。なかなかここまで自己開示できるものではありません。

　さらには、失業して面接を受けて、落ちた話なども動画に撮られていました。

> すべての過去にOKを出し、
> 必要な助けを求めよう。

　失敗した過去の自分にOKを出すことは、開き直って反省しないことのようですが、ありのままの自分を受け入れることで本当の意味で反省できて、前に進めます。

　何があっても生き残れるひととは、共感され、応援されるひとだとわたしは思います。

　無傷のひとよりも、傷だらけで立ちあがろうとしているひと。

　あなたが、傷だらけなら、すでに、共感されるひとになる素質があります。

　これまでのいろんな思いがよぎるかもしれませんが、それでいいんです。

「あのとき自分は未熟だったと思います。だけどここから未来をつくっていきます」

　顔を上げて、そう宣言してみてください。あなたを、笑うひ

とはいないですよ。

　ありのままの自分をみとめ、前を向くあなたに、力をもらう
ひとは多いでしょう。

　ところで、あなたが未熟だったと思っている過去は、本当に
未熟だったのでしょうか。

　これまでのすべてがあって、いまのあなたがいます。

　目的地にたどり着くまでには、必ず信号待ちが何度かありま
す。早道を見つけて無駄をなくそうにも、人間どこかで必ずつ
まずくようにできています。もどかしいかも知れませんが、未
熟だった過去があり、ここでつまずく経験は、これからの人生
にとても意義あることとなるでしょう。

　挫折経験こそ、自分を強くしてくれます。ですが、周りのみ
んながうまくいっている環境で、その経験をするのは大変です。
もしも、他のみんなも一文無しになったなら、励ましあいなが
ら、みんなで豊かになっていくことも可能です。

　コロナによって多くのひとが失業しました。仕事がない仲間
もいっぱいいます。

　いまのあなたは、すでに挫折を乗り切ろうとしているあなた
です。わたしが、失業した社長さんの YouTube に元気づけら
れたように、いま、挫折を乗り切ろうとしているあなたに元気
づけられるひとがいるでしょう。

だからいまのまま、弱音をはいてください、助けを求めてください。

それでも前を向く。立ち上がろうとする。

あなたのその姿こそが、ひとを元気づけるのです。

13　自分を責めてしまうときは、　　まだ余裕だと覚えておこう

「世のなかで悲しいことが起こると、自分が悪いことをしたわけじゃないのに心が落ち着かなくて自分を責めてしまいます」

コロナウイルスや自然災害など、世のなか全体が不安に陥るとき、それを自分のせいかのように重く受け止め、自分を責めるひとがいます。

マイナスの気をもらう、と言いますが、まさに世界不安のときに、自分を責めてしまうという相談が増えます。

そんな相談を受け取ったとき、わたしは思います。

このひとはまだ、余裕があるなと。

余裕？　本当につらいのに、と思いますか？

もしもあなたが、災害に直撃される地域に住んでいて、うちにいることがままならない、どこかに避難しなければいけなく

なったとしたら、そんなときに、自分を責めている余裕はありません。

　あなたが自分を責めようが、責めまいが、生きるか死ぬかという環境に置かれたら、自分が正しいか間違ってるかなんて吹っ飛び、身を守ること一択です。人間の防御本能が働くのです。

　そうです、はっきり言ってまだ自分ごとじゃないのです。

　この状況を、わかりやすく数値化してみましょうか。

　すべてのひとが、100のエネルギーを持っていたとします。
　災害や病気が自分の身に降りかかっても、自分を責めるひとは、自分のエネルギーの50%を、自分を責めることに費やしてしまう。すると残るエネルギーは50%になります。

　災害や病気で、エネルギーを消耗する上に、50%のエネルギーで乗り切ることになります。さらに困ったことには、意識を向けたことのエネルギーは増大するという法則があります。

　つまり、あなたが自分を責めると、責めエネルギーが100%になり、あなたが責められるような出来事が現実化します。
　100%のあなたが責められるつらい現実に、あなたは50%のエネルギーで対峙しなければならなくなるのです！　と言うと、イメージがわくでしょうか？

困難が起こったとき、自分を責めることはいかにエネルギーの無駄使いになり、いかに意味がないことなのかわかっていただけたでしょうか?

　そうはいっても、人間、自分を責めたくなることはあります。
　世の中がマイナスの気分になるともらってしまい、条件反射的に責めてしまうのは致し方ありません。

　自分を責めたい気持ちを乗り切る、オススメのアクションは

> 自分を責めてるなと気づいたら、
> このことばを自分にかけよう。
> 「自分を責めてる間はまだ余裕。
> わたしがそう思うと、本当にそうなる」

では、もうひとつ、わかりやすいたとえ話をしましょう。

　今日一日をおにぎりひとつで乗り切らなきゃいけないとします。そこで、わたしがダメだから、おにぎりひとつしか食べられないんだと自分を責めているとその分だけ、おにぎりが奪われていくとしたら、自分を責めることはやめ、おにぎりを奪われないように守るでしょう。

　もともと、あなたが自分を責めるようなことはなかったかもしれないのに、あなたが自分が悪いと強く思い込んだことで、

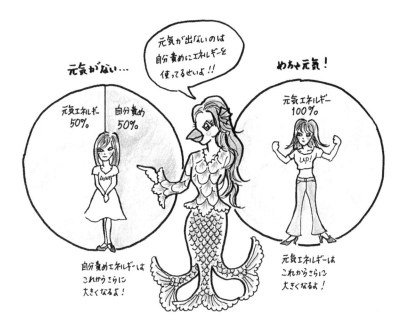

なかったことを現実にしてしまう。

　あなたにそんな余裕はあるのですか？　という話なのです。

　自分を責めるのは自由ですが、そんなことにエネルギーを費やしている余裕があるなら、生きることそのものに限りあるエネルギーを使ってくださいね。そうすればいつの間にか、ハードな現実を乗り切っていたことに気づく日が来るでしょう。

14　自分責めをやめたいなら、
　　　未来を捨ていまを生きよ

「どうしたら自分を責めることをやめられますか？　条件反射的に自分責めをしているみたいでどうしてもやめられません」

　これまで自分を責めてきたひとは、簡単に気持ちが切り替えられないかも知れません。

　どうしたら、自分を責めることをやめられるのでしょうか？

　その答えを知るには、あなたに、自分責めをさせてしまうものは何かを、明らかにすることです。

　あなたを責めさせてしまうもの、
　その正体は、理想の自分です。

　自分を責めるひとって、実は、向上心が強いのです。

　理想の自分を持つって、一見、すごくいいことのようですよね。

　イケイケドンドンで元気なときは、理想の自分はあなたを奮い立たせてくれます。

　しかし……

　こうありたいという理想の自分が、いまの自分と違いすぎて、そのギャップを埋める元気も出せない、そんなときは、理想の

自分の存在が、自分を責める理由になってしまうのです。

　あなたのなかにいる、理想の人間と、いまの自分を比べて自分にダメ出ししてしまう。

　では、理想とは何かといえば、こだわりです。

　誰かがあなたに、いまのあなたではダメだと言ったわけでもないのに、あなたの、こうあるべきというこだわりが、自分を責める原因になっているのです。

　金輪際自分責めをやめたいあなたに、オススメのアクションは

> 理想の未来を見そうになったら、
> 「違う違ういまだ」と
> いちいちいまに集中する癖をつけよう。

　自分責めが習慣になっているひとは、もう条件反射なのです。その条件反射は、理想の未来を見て、いまとのギャップに失望することからきています。瞬時にその現象が起きています。

　そもそも、いまの積み重ねが未来ですから、いまをないがしろにして理想の未来を迎えることは不可能なのです。

　理想の未来を望めばこそ、いまの自分を責めるのは足首に重りをつけて高く飛ぼうとしているようなもの。

　いまにOKを出し、いまを充実させてこそ、理想の未来が迎えられます。

　ですからオススメのアクション「違う違ういまだ」と言って、

いまを楽しむことを根気強く繰り返していけば、条件反射的に自分を責める癖はだんだんなくなってきます。

　極端に言えば、未来を捨ていまに生きよ。

　これは、あきらめることではありません。

　なりたい自分があることは、素敵ですが、それがあなたを責めさせ、苦しめているなら、一旦、横に置きましょう。

　ようは、順番です。あなたの根底には、強い向上心がある。それを実現し、なりたい自分になるには、まず、いまをしっかり生きること。

　いまを生きることの繰り返しが未来なのですから。

　自分を責めるひとの頭のなかには、自分を責める他の誰かが住み着いています。

　それは誰？　と聞くと、明確に誰だと答えられないことがほとんどです。

　親やあなたを責める周りのひとが、実際に存在する場合もありますが、そのひとたちがリアルタイムであなたを責めているわけではないですよね。

　あなたが、いまの自分と理想の自分の乖離（かいり）に苦しくなったタイミングで、頭の中に自分を責めるひとを都合よく登場させていませんか？

　あなたを責める声は、すべて幻だと知ってください。

そして、最後に上級編。

自分を責める気持ちを突き詰めるとそこには逃げがあります。わたしが悪いとわかっているから責めないでという気持ちです。

実は、本当のあなたは誰よりも責められることを恐れているのです。自分が何を怖がっているのか自分の心の声に耳をすませてみてくださいね。

だいじょうぶ、誰もいまのあなたではダメだなんて思っていません。

いまの自分もOK！と心から思えたとき、あなたは一歩、理想の自分に近づくでしょう。

15　自分は不幸だと思うときは、 数少ないしあわせを膨らませよう

「人間は平等だなんて綺麗ごとです。わたしは、親にも環境にも恵まれず、頭も悪いし、見た目も悪い。自分は不幸です。しあわせになれないひとって絶対いますよね」

確かに、不平等ですよね。

ですが最初に断言しておきます、条件に恵まれなかったひともしあわせになれます。

あなたが思う、しあわせなひとってどんなひとでしょうか？
お金をいくら持っているひと？　容姿が美しいひと？　友だ

ちが多いひと？　ひとに憧れられる仕事をしているひと？　パートナーに愛されているひと？

ですが、しあわせって環境でも、状況でも決まりません。
自分が自分をしあわせと感じているか、それに尽きます。

不幸を脱出してしあわせになりたいあなたに、
オススメのアクションは

> **数少ないしあわせを見つけ、膨らませて、**
> **しあわせの内需拡大をしよう。**

　自分は不幸だ、ひとより持っているしあわせが少ないと不満を持っていてもOKです。
　ただ、そんな自分に、しあわせなところもあるんじゃないかと、しあわせなところ探しをしてみてください。
　しあわせなところ「も」です。も、に注目してください。
　わたしには不幸なところが多いけど、しあわせなこともある、それはこんなことや、あんなこともある…と、その数を思いつかなくなるまで見つけてみるのです。
　不幸と思う数よりも、しあわせと感じる数の方が増えたなら、差し引きしあわせとなり、心が満たされていきます。

　49％不幸でも、51％しあわせならしあわせが上まわります。
　２％しあわせの方が多ければ、ひとは自分をしあわせだと思

えるのです。

★今日も誰にも遠慮なく食べたいものを食べられた
★無事に仕事もできている
★ LINE できる友だちもいる
★心配してくれる実家の家族もいる

　さて、いくつの「も」を発見できましたか？　ひとつひとつは小さいけど、あげていくと、何もないと思っていた自分にも、いくつものしあわせがあることに気づきます。

　自分であげたそれぞれのしあわせをよく見ると、わかることがあります。
　それは、ひとつひとつのしあわせに、誰かの存在がかかわってくること。

　あなたが食べたいものを食べられるのは、スーパーや、コンビニ、レストランで食べ物を提供してくれる誰かがいるからです。
　無事に働けているのは、雇ってくれる会社や、お客さまがいるからですね。
　LINE できる友だちがいてくれるから。
　心配してくれる家族がいてくれるから。

　あなたのしあわせは、他の誰かがいることによってつくられ

ています。そのひとの顔を思い浮かべながらありがとうといっ
たとき、じんわりと感じるものがないでしょうか。それが感謝
です。そのひとに心の中で、ありがとうと言ってみてください。

　ケーキをつくるとき、卵白と砂糖を泡立てるとふわふわのメ
レンゲができます。そのメレンゲを使ってケーキを焼くと大き
く膨らみますよね。
　あなたのしあわせに関わってくれたひとに感謝することは、
あなたの小さなしあわせという気泡を大きくすることです。そ
の数が増えると、ケーキが大きく膨らむように、あなたのしあ
わせも大きくなるのです。

　ありがとうと言うたびに、自分を取り巻くひとたちに感謝が
わいてきて、感謝したひとの数が増えるたび、あなたの豊かさ
がひとつずつ増えていきます。
　感謝できる誰かがいるのは、あなたが、いっしょうけんめい
生きているからです。

　いまあるものに感謝するとは、つまるところ、自分の存在に
感謝することなのです。
　いまあるしあわせに目を向けられたら、いまある豊かさに気
づけたなら、自分にこんなことばをかけてください。
「わたしもよくやっているなぁ」
　そうです、あなたはよくやっていますよ。

16 現状に満足できないなら、
しあわせ発掘マニアになろう

**「いま以上のしあわせを求めることは、高望みになるのです
か？ そこそこで満足しろと言われているようで萎えます」**

「足るを知る」ということばを聞いたことはありますか？
　語源は、中国の思想家、老子の、知足者富＝足るを知る者は
富むからきていますが、ちょっとストイックなイメージのある
ことばですよね。
「いま持っているものだけで満足しましょう」

こんなニュアンスを感じますが、本来、そんな禁欲的な意味はありません。

「ないもの」「不足しているもの」があっても、そこだけに注目するのではなく「足りてるもの」「すでにあるもの」にも注目してみましょうという意味で、無限の可能性を示してくれることばなのです。

　ない、足りないと思ってはいけないのではなく、いま足りているもの、すでにあるものの方に注目しましょうか！　ということです。

　人間、注目したものには意識が集まり、意識を向ければ向けるほど、自分にとってそれが、大きな存在になっていきます。

　つまり、足りない方に注目すると不足感が大きくなり、足りている方に注目するとますます満たされるということです。

　たとえば、STAY HOME で出かけられなくなると、日常に不便なこと、残念なことが増えます。だけど、STAY HOME だからこそできることがないのかに注目した結果、かなり多くのことがリモートでできることがわかり、新たな楽しみが増えました。

　わたし自身、STAY HOME のおかげで形になったことがいくつもあります。

　この本の企画が生まれたのは、コロナウイルスのような誰のせいでもない理不尽なことが起こったとき、どう乗り切るか自

分なりの提案ができないかと思ったことが、きっかけです。

　STAY HOME になり、体型がムッチリしたことからスタイルアップしようと思い立ち、運動や食事のいい習慣がついて、なりたかった体型になり、１年以上経ったいまも体型をキープしています。

　コロナウイルスや、STAY HOME に、いいことなんて何もない感じがしますが、いまできること、ないからこそやりたいことに目を向ければ、新しいものが生み出せます。

「足るを知る者は富む、そうすれば、しあわせになる」と老子は言っています。

　ないもの、足りないところがあるという現実は同じでも、そこばかりに注目し続けて悲観しているのと、いま足りているもの、すでにあるものに注目して、そこを育てるのでは、得られる豊かさはケタ違いです。

　もっとしあわせになりたいあなたに、オススメのアクションは

 しあわせ発掘マニアになろう。

　お宝マニアのように、自分の周りにあるしあわせを見つける名人になってみましょう。
　いつ何時も
「わたしが、恵まれていることは、なんだろう？」

「いまのわたしも、持っているものは。なんだろう?」

　と、目を光らせてみる。足るを知るとは、足りているものを見つける達人になるということです。

　我慢するのではなく、いまあるものだけで満足するのでもなく、見つけることを楽しむ。

　いまは足りないと思っていても、見つけることを楽しんでいるうちに見ようによってはしあわせだなど、しあわせに変換するテクニックが身につき、そうすると周りのひとも、あのひといいねと寄ってきて、しあわせ同士が結びついて増大するのです。

　ないなぁ、足りないと感じたら条件反射的に

「ところで、まだ見つけてないしあわせなかったっけ?　あったあった」

　と、まだ見つけていないしあわせ探しをする癖をつけてください。

　ない!　と感じることも、ある!　と感じることも、どちらもきっかけにすぎません。

　ない!　という気持ちは強いので、強く感じたその反動でセットである方も見てみようというわけです。テコの原理のようなものですね。

　ないが存在するということは、必ず、あるも存在するんです。

　あなたも、あるを見つける達人を目指してみてくださいね。

17 お金がたくわえられないときは、 心のたくわえをしよう

「働きたいのにドクターストップが出て働けません。このまま
では体だけじゃなく心も参ってしまいそうです」

ドクターストップが出たということは、あなたはいま、休んでいいですよという太鼓判が出たということです。

　そんなの気休めだと感じるかもしれませんが、出かけないということは、支出を減らせることでもあります。

　意識的に出かけない限り、ひとに会う機会が減り、外食することも減り、出かけないから新たに服やメイク用品を買うこともなくなり、以前よりお金が減らなくなっていませんか？

働けない、稼げない、八方ふさがりを乗り切る
オススメのアクションは

 休暇をもらったつもりで時間セレブになって、心のたくわえをしよう。

　時間が十分ある。ひとに会わない。これはじっくり自分の心に向き合うチャンスです。

　わたしが思いつく、いまを乗り切る方法をあげてみますね。

★平常じゃないいまの自分に OK を出そう

★規則正しく生活してみよう

★物を捨ててスッキリしよう

★花を飾ってみよう

★時間がかかる料理にチャレンジして食べてみよう

★新しい趣味を始めてみよう

★疲れが取れるまで眠ろう

★元気になったらやりたいことを楽しみにしよう

　これはほんの一例ですが、あなたもいまだからできそうなことをピックアップしてみませんか？

　最初はいまできることなんて何もないと思うかも知れませんが、書いているとだんだん楽しくなってきて、まるでバカンスをもらったような気になってきますよ。

　お金を使わなくてもできる、自分を元気にすることって探せば色々あるのです。

　何しろいまは、ドクター公認のお休みタイムなのです。しんどいときは弱音をはいてもいいし、助けを求めてもいい。

　これは一見、働きたいのに止められる理不尽な状態のようで、ドクターという他人を借りて、立ち止まって休むという機会があたえられているのです。ある意味、神さまの采配のようなものではないでしょうか。

　わたし自身、作家という仕事に就いたのは、バイトを掛け持って忙しく働いていたとき、動脈瘤（りゅう）を発症し、手術しないと即死だと言われたことがきっかけでした。

　当時は、目の前が真っ暗になり、どの病院に行けば手術しなくていいと言ってくれるだろうかと何十件も病院を回りました。瘤（りゅう）が心臓の近くにあり、息苦しさで倒れるのでタクシーで病院を回ったものです。

　いざ入院するとなっても、通院で何とかなりませんかと掛け

合いました。一日かかる大手術だったのに。

　この病気になる前となったあとでは人生が大きく変わり、わたしはいま、28冊めの本を書いています。
　人生を一休みせざるを得なくなったときは、立ち止まってみるベストタイミングだとわたしは思います。
　立ち止まって自分にじっくり向き合い、どんなことが自分を楽にしてくれるだろうと、試しまくってみればいい。

　あなたを楽にしてくれるものは、あなたが求めればたくさん見つかります。
　お金がたくわえられないときは、心のたくわえをするのです。
　気持ちが外へ外へ向いて、キラキラいつも元気じゃないとイケてない、みたいな無理をする必要はないのですから、ここはしっかり心の栄養をたくわえましょう。

　試してみたものが、思ったのと違った、かえって消耗したと気づいたらためらわずにそこから離れてくださいね。
　無理をしないで心に栄養をたくわえること、それは、痛手を負ったいまだからこそ、遠慮なくできることなのです。

18 コロナで差別を受けているあなたへ、 風当たりの正体を知ろう

「医療現場で働いていて、仕事を知られるともろ差別を受けます。毎日、いつコロナに発症して家族に迷惑をかけてしまうかと思うと怖くてたまりません」

　最前線で命を守ってくださって、ありがとうございます。感謝しかありません。

　いつ誰が発症してもおかしくない状態なのにもかかわらず、コロナにかかってしまうひとは、肩身がせまい思いをされていますよね。

　感染者が発生するリスクの高い仕事をされているひとに感謝するどころか、迷惑がってしまう。

　いつ、誰がかかってもおかしくないのだから、かかってしまうかも知れないことを特別視しないで、かかったひとに優しくなれたらいいですよね。

　さて、この風当たりはなぜ、起こるのでしょうか?

　コロナウイルスに感染したひとが出ると、感染経路がたどられます。まるで犯人探しをしているようですが、決して、そんなことはありません。

　感染経路をたどるとは、AさんからBさんにコロナがうつ

った場合、Ａさんが、Ｂさんにうつしてひどい！　と、とがめるためではなく、Ａさんが持っていたウイルスが、Ｂさんに感染したというウイルスの動きを解明するために行われているのです。

　感謝やリスペクトを持ちたいけど現実的に避けてしまうのが本音でしょうか。
　ここは、ひととウイルスを分けて考えましょう。

　人為的に、自らウイルスに感染して、憎い奴にうつそうと狙い定めても、うつせるものではありません。
　時として、コロナに感染したひとが、撒きちらしてやる！
と犯罪を起こすこともありますが、それは他でもなく、怖いからです。ひとりで自分が感染したことを受け止められないからです。

　そして、コロナにかかったひとを責めずにはいられないひとも、明日は我が身かも知れないから、怖いのです。
　いじめが起こる構図を思い出してみてください。誰かがいじめられていて、自分もいじめに加わらないと今度は自分がいじめられてしまう、あの感じです。

　自分も怖いから、感染したひとを遠ざけて自分と分離させるのです。

　つまり、コロナのことがよくわからないからです。

　いつ、誰が感染してもおかしくはないけど、どうなったら発症するのか実際のところはわからないから、これさえ守れば発症しないといえない。その不安をつい、他人にぶつけてしまう。

　風邪を引いたらマスクをして、人混みを避け、うちにいる、と、まさに STAY HOME をすればいいだけで、風邪を引いたひとを差別する、なんてことはないですよね。

　風邪をひいてマスクをしているひとを見て、マスクを外せというひとはいませんが、コロナ対策でマスクをしているひとのことを、マスクをしないひとが、洗脳されていると言ったり、マスクをする派、しない派で対立の図式も生まれました。

　ワクチン接種をしても、100%コロナにかからなくなるわけではありません。なにが最適な対処法なのか、まだ解明されていないからです。

　わたし自身、感染者の多い地域に住んでいて、高齢の父がいる実家に帰ったことは、コロナウイルスが流行って以来、一度もありません。

　自分の実家の地域のひとが、わたしが帰ってくることを歓迎しなくても、それもやむなしと思います。

　コロナ差別を乗り切りたいあなたに、オススメのアクションは

 コロナにかかることは特別じゃないと知ろう。

自分や周りの誰かがコロナにかかるかも知れない状況を、特別なことだと思わないこと、そして、人々がこの状況を恐れて、風当たりが強くなってしまうのも、みんながこの状況がわからないから致し方ない、と、受け入れることです。

　差別されたというより、みんな怖いよね。だって得体が知れないウイルスだから、と。
　発症してしまったひとを、犯罪者のように責め立てるひとを見たときは、ひとに向けられた攻撃を、責めるのはひとじゃなくてウイルスだよ、と心のなかで矢印を変えてみてくださいね。

「将来の目的や未来が
見えてきません」

まずは今できることから
行動してみよう

Step **3**

19 生きる目的が持てないときは、
やったことがないことをやりまくろう

「将来こうなりたいという夢や目標がなくて、生きる目的が持てず、モヤモヤします」

確かに、夢や目標があると、いまやっていることに意欲的に取り組めるかも知れません。わたし自身は、いま自分の夢や目標は4分の1くらいかなっている感じです。本を100冊出したいと思っているので、28冊目の本を書いているいまは、目標4分の1達成です。あと何年生きる気なのでしょうか？　我ながら貪欲ですね。

そう言うと、あゆみさんは目標が明確で、夢があっていいですね、と言われますが、そもそも夢や目標って、ないといけないものなのでしょうか？

ひとは毎日の行動をなんとなく選んでいます。あらゆることのなかから一番やりたいことを選んだわけでもなく。

いまやっていることがつまらないなら、それ以外を選んでもいいんです。

生きる目的が持てなくてモヤモヤするあなたに、
オススメのアクションは

これまでと全然違うことをやってみよう。

　あなたには、こんなことないですか？

　いつか時間があったらやりたいけど、忙しいしな。そんなことやってる場合じゃないな。なんて、あきらめていたこと。

　確固たる目的が持てないときこそ、そんなことをやってみるチャンスです。

　ちなみにこれは、ひとのためになるとか、お金が儲かる、ひとにほめられそうなど、すごいことである必要はありません。

　これまで聴いたことがなかった音楽を聴いてみるとか、食べたことのなかったスイーツを食べてみるくらい簡単にできることでOKです。

　これまでやったこと以外、何でもできると思えば、可能性が無限に広がります。

　ずっとやりたいことを我慢していたあなたは、それをやりましょう。

　特に、そんなこと意識したことがないあなたは、まだやっていないことなかったかな？　と、自分に問いかけてみてください。

　いまやっていることに目的が見出せないときこそ、ずっと、やりたかったこと、気づいていない、そんなことに出会うチャ

ンスです。

　どんなことができそうか、思いつくまま、書き出してみるのもいいでしょう。いくつ出てくるでしょうか？　3つ？　4つ？　5つも6つも…10個以上出てくるかもしれませんね。
　書き出しているうちに、まだやってもいないのに楽しくなってきて、早くやりたくなるかも知れませんね。
　そこで、書き出した全てのことをやるとしたら？　とイメージしてみましょう。

　これ、全部やるとしたら結構忙しいな。

　ほんの数十分前まで無気力だったのに、時間が足りないぞ…と思っている自分に気づくでしょう。
　ポイントは、ひとつひとつをやるとき「これを選んだ」と意識することです。そして、気に入れば習慣にすればいいし、イマイチならもうしなくていい。わたし自身、人生の目標ややりたいことが明確になったのは、今日やることを記録したり、食べたものの写真を撮ったり、日常のすべてを選んでいるという意識を持ったからです。

　やってなくて、楽しそうなことってこんなにあったんだと、意外な発見があるでしょう。そのなかに、あなたが本当にやりたいことが見つかるかも知れません。

20　気力が出ないときは、
　　何もしないことに飽きるまで休もう

「行動する気力がわきません。どうすればやる気になれるんでしょうか？」

　やる気をなくしているときは、疲れています。まずは十分休養をしましょう。

　十分休めた！　と思えるくらい休むことがベストですが、むずかしい場合は、いまよりもたくさん休むことを目標にしてみてください。

　一番大切なことは、心身ともにリラックスすることです。休めた！　と実感できたとき、あなたの体のまんなかから、気力が戻ってきます。

　気力とは、ひとにモチベーションを上げてもらうことではなく、内面からわき出るもの。あなたが内から満足できることが重要です。

　内から満足できたとき、何もやらないでいることに飽きてきます。

　少しでもやってみようかなと思えたことには、迷わず手をつけてください。気力を持てなかったあなたがやりたいと思えたことは、あなたの心が欲していることです。

　たとえば、うちを片付けることや、うちのなかで筋トレをしたりしてダイエットをすること。

　自分のうちが綺麗になっても、自分のダイエットがうまくいっても、お金が儲かったり、社会貢献にもなっていません。だけど、いいんです。

　実はわたし自身、人生の目的が明確になったのはこれらのことをやりきったからです。気力が湧かないときは、この二段階のアクションを実践してください。

　無気力を乗り切りたいあなたに、オススメのアクションは

> 心身の疲れが取りきれて、
> リラックスするまで休もう。
> そして、やりたいことが出てきたら
> 納得するまでやりきってみよう。

　納得するとは、成果が実感できるまでやることです。

　まずは、結果ではなく、成果を感じることを目指してください。

　ダイエットなら10Kgやせて目標体重になるとか、片付けなら、うちじゅうの整理をやりきるというのは、結果です。ここまでやれたら人生観が変わるほどの手応えが得られますが、成果というのは、やってみてこれは自分に向いていないことがわかったというのも含みます。

向いてないと思ったら無理に続ける必要はありません。いまできることをやっている、やることが楽しい、そう思えただけで、自分の気持ちの持ちようが変わってきます。

　まずは、やりたいことが見つかるだけでも OK。
　旅行に行くときって、目的地に着かなくても、うちを出て最寄りの駅に向かっているときからワクワクしていますよね。
　行きたい場所を決め、出発して歩き始めた、その道中にいるだけで気持ちが前に向かっています。

　ただし多くの場合、楽しくなるまでにやめてしまうことが多いので、少なくともなんの成果も感じられなくても、１日続いたらとりあえず３日続けてみてください。
　３日続いたら１週間やってみましょう。１週間続いたら10日続けてみよう、10日続いたら２週間続けよう、そうして21日間、３週間続いたら多くのことは習慣になり、あなたはそれが楽しくなっていると思います。

　どんなことがあなたの気持ちに火をつけてくれるかわかりませんから、少しでもやる気になったことにはどんどんトライしてくださいね。

21　ダイエットが続かないあなたへ、
　　理想体型になって保つ方法教えます

**「ダイエットに失敗してリバウンドしています。あゆみさんは
スタイルアップしてキープされていますが、どうしたら目標を
達成して、継続できるのですか？」**

　かなえたい目標を達成して、継続し続けるには、幾つかコツ
があります。
　自分が決めた理想を達成して継続し続けている方法と手順を
ご紹介しますね。ダイエットはもちろん、あらゆることの自己
実現や継続に応用可能です。

　STAY HOME が続いていた2020年の５月17日。
　わたしは半袖のＴシャツとショートパンツ姿で、全身写真
を撮ってみました。
「ヤ、ヤバい」
　そこには、ムッチリ体型のオバさんが写っていました。イン
ベルにウエストの肉が乗り、ウエストラインももたついていま
す。
「これって、いわゆるコロナ太りってやつ？」
　わたしは、その日からダイエットを開始。幾つかのルールを
決めました。

★毎日食べたものの写真を撮って、アプリで記録する
★毎日２リットルの水を飲む
★毎日１時間ダンスと、軽い散歩をする
★毎週同じ服装で写真を撮る、などなど…

　毎日、毎食食事の写真を撮り、メニューを記録。半袖のＴシャツとショートパンツ姿で、正面からと、横向きの全身写真を撮って、アプリで編集、その写真とやっていることを、自分の運営しているオンラインサロンで公開し始めました。
　そうしたらサロンの仲間が「すごいですね」「効果が出ていますね」と感想を書いてくれて、我ながらなかなか成果が出ているなと思い、noteやブログで食事と全身写真の変化、そしてやっていることを公開したところ、大きな反響をいただき、気をよくしたわたしは100日続けてみようと決めました。

　STAY HOME は、ひとと会食する機会がありません。ずっとうちにいるので、通常より時間の自由がききます。１時間ダンスをする時間を捻出することも可能です。
「STAY HOME が明けたとき、見違えるようにスタイルがよくなってひとに会いたい！」
　そんな思いで始めたこの活動に「STAY HOME でスタイルアップ」と名付けました。

　最初は、インベルに肉が乗っている状態だったウエストラインが、ウエストに隙間がでるようになり、これは３Kgはゆう

にやせたな、とわたしは思いました。

　思いましたというのは、当時、わたしのうちには、体重計がありませんでした。なぜならやせたいと言うよりも、見た目をスッキリさせたい。目指すはダイエットというよりスタイルアップだったからです。

　ですが、あまりにも成果が表れているから、わたしは、自分の体重を知りたくなり、体重計を購入しました。スタイルアップ活動を始めて90日目のことでした。

　ワクワクしながら体重計に乗ってみると…

　51.75

　ちなみにわたしの身長は、153cm です。体重計は、何ともおもしろみのない数値を示していました。特にスタイルがよくもなく、デブでもない…実は、あと３キロくらいやせているとわたし自身は思っていました。

　ですが、このことが、わたしの心に火をつけたのです。

　こうなれば、理想体重46Kg までスタイルアップ活動を続けよう！　と決め、毎日の食事や、体重と BMI をインスタグラムで公開していくことにしたのです。

　正直、体重を公開するなんて、めちゃくちゃ恥ずかしかったのですが、数値を公開することで、体重はコンスタントに落ちてゆき、興味を持ってくれたり、励みにしてくれるひとが増えました。

この活動でわたしが手にしたのは、現実を変えられるという圧倒的な自信です。

そして、食事の写真を見て、思いました。

「わたしは、自分のために毎日おいしいご飯を作って綺麗に盛り付けていたんだなぁ」

無意識に、自分を大切に扱っていたことに気づいたのです。

おとなって、いつも何となくダイエットしていませんか？ わたしもそうでした。スタイルは気になるけど、明確になりたい体型を決め、そこまでやりきったことはありませんでした。そこで、ゴールを決めました。2020年12月31日までに目標を達成すると決め、宣言どおりジャスト46Kgで2020年を締めくくることができたのです。

2021年5月17日でスタイルアップ活動を始めて1年、わたしはこの日を45Kgで迎えようと決め、その数値も達成しました。

毎日の食事も何となく我慢ではなくこれを食べようと、納得してその食事をして、逆に今日は気にしない日、とメリハリをつけています、

自分でなりたい自分をつくり上げた、ああ、もう体型についてなやむことはない、後はつくり上げた"なりたかった自分"をキープしていけばいい。仕上げた、という感覚です。

自分のスタイルがよくなることは、仕事でもなければ、社会貢献でもなく、収入につながるわけでもありませんが、自分の体を、自分でつくり上げられた、ひとつのことをやりきった体

験は、自分の行動に大きな影響をあたえました。

　ダイエットを成功させ、スタイルキープし続けたいあなたに、
わたしが実践したオススメのアクションは

★体重を測るとスマホに記録が残る体重計を用意しよう。
★毎日できる運動メニューを決めよう。
　わたしは階段昇降、散歩、ダンスです。
★水をたくさん飲もう。めやすは１日２リットルです。
★食べたものの写真を撮り記録しよう。
★なりたい体重と、いつまでにそうなるかゴール設定して
　宣言しよう。
★ダイエットを成功させてかなえたいことを
　明確にしよう。
★できることから始めてできるようになったら
　新しいことを増やしていこう。
★２週間〜１ヶ月に一回は好きなものを食べて
　いいチートデイを設けよう。
★定期的に同じ服装で全身写真を撮ろう。
★禁止食材をつくるのはやめよう。
★食事量のバランスを取ろう。
　ボリュームは多い順に、昼・朝・夜。
★体重と食事の記録を SNS で公開しよう。
★夕ご飯を20時までに食べ終わろう。

ダイエットに成功することは、体型に限らず、自分の仕事や人間関係、健康など、あらゆることをよい方に振り向けてくれました。

　わたしはいま、自分の行動次第で、大抵の現実は変えられると確信しています。

　あなたも、ダイエットをやりきって現実を変える達成感を手にしてみませんか？

22　最近ツイてないなと思ったら、
　　　一日一回自分を笑わせよう

**「最近、何だかツイてません。運をよくするにはどうしたらい
いんでしょうか？」**

　あなたに質問です。最近、笑いましたか？

　出かけるときはマスクがデフォルトになり、出かけること自
体以前より少なくなったひとも多いと思います。一日誰とも話
していなかったと夜になってから気づくことがあります。ひと
と話していないこと自体に気づくことすらなくなったりします。

　笑うこと、笑顔の先には、他人がいます。

　ひとと話して楽しいと笑うし、誰かがいるから笑顔を向けま
す。だから、マスクをして、ひとの表情がわかりにくくなった
り、ひとに会うことが少ない日常は、他人との関わりが減るの
も無理のないことです。

　ですが、笑うって、ストレッチのようなもの。笑うことは体
を動かすことです。他人と関わらなくても、ひとりでだって笑
うことはできる。ひとに会わないから笑わなくなるというのは、
運動不足になるのと同じです。

　笑う門には福来たる。笑っているひとを見ると、運がよさそ
うに見えませんか？

不運続きを乗り切りたいあなたに、オススメのアクションは

 一日一回、自分を笑わせよう。

どうやって笑うかにルールはありません。

「あ、今日一日笑っていなかった」と気づいたら、鏡に向かって笑顔をつくってみましょう。強制的に自分を笑わせるのです。筋トレです。

好きなお笑いやYouTube、テレビ番組をみるのもいい。そうです、リアルにひとに会えなくても、お笑い番組やおもしろい映画やYouTubeを見れば、誰かの言動を見て笑うことができますよね。

単純なことですが、そんなことすらも忘れたりしているものです。

ひとは、楽しいから笑うんじゃない。何があっても何にもなくても笑いを忘れないひとにしあわせが転がり込んでくるんです。

23 世の中を憂いているあなたは、
「よかった」と声に出して言ってみよう

「コロナショックも一段落？　完全終息したとは言えないし、先のことを考えるとだいじょうぶなんて思えません」

　確かに、コロナと共存する社会になりましたが、それはコロナが完全終息したり、いつ収まるか明確になったからではないですよね。

　むしろ、いつ完全終息するかわからないからこそ、このまま経済活動を止めることも限界だから、今後はコロナと共存し、感染しない、させない対策を取った上で日常生活を行うことを社会が選択しただけで、わたしたちはいま、安全が担保されない社会に生きています。

　ですがこの状況、いまに始まったことではありません。
　実は、安全ではない環境は、以前からわたしたちの日常にあふれていました。

　例を挙げてみましょう。墜落したら悲惨な事故になる旅客機は前から飛んでいますし、交通事故が起こってしまう乗用車もいっぱい走っています。食中毒を起こしてしまう可能性がある食べ物は売られていますし、骨折する可能性がある脚で歩いています。
　それらは、わたしたちを不安に陥れ、悲しませる可能性も持っていますが、同時にわたしたちにしあわせをあたえてもくれています。

　いつ何が起こるかわからない。大変なことが解決していない、だからと言って、不安で不安でと、世の中のひとすべてがふさ

ぎ込んでいたら、それこそ暗黒の社会となり、安心とは程遠い日常になってしまうでしょう。

　安心とは、何事もなければ持つことができて、不安な要素があると持てないものではありません。
　生きることは、常に不安ととなりあわせです。

　いつ安全がおびやかされようと、自分の中で折り合いをつけ、自分を安心させるたくましさを持つ、いまこそ、そんなチャンスではないでしょうか？
　昔から、安全がおびやかされる可能性と共に生きてきて、今後、さらにおびやかされることだってあるかもしれない。これから、世のなかがどんな状況になろうと、安心できるひとになれたら、スーパーサイア人級にすごくないですか？

　安全が担保されない世のなかを乗り切る、
　オススメのアクションは

 ### 「よかった」を口癖にしよう。

　ひとが不安になるのは、将来のことや、過去、怖かったことに思いをはせるとき。つまりそれは、いま起きていることではありません。実際、安全がおびやかされたときひとがとる行動は、気に病むことではなく、安全を守ることです。
　気に病むというのも、まだ自分ごとではないのです。少なく

とも、いまあなたは生きています。生きているいまをしっかり認識して「よかった」と言ってください。

「大変だけど、今日もご飯が食べられた、よかった」
「家族も無事帰ってきた、よかった」

「よかった」とは、助かったときに思わず出ることばですよね。声に出して言ってみてください。心の中が温かくなるのを感じますよ。その温かい感じこそ、安心です。

　わたしたちは、不安を見つけるのは得意ですが、安心っていちいち口にしません。よほどの事故にあって助かったら、さすがに「よかった」と思わず口をついて出ますが、日常では殊更に、ことばにしない。
　多くの不安は、差し当たっていますぐ直面していること以外を見すぎて起こっていることがほとんどです。

　いま、安全がおびやかされてしまっている状況にあるひとは、いまできる、安全を摑み取る具体的な方法を考えてみてください。ひとに助けを求める、公的機関に相談する、などなど。
　自分の心のベクトルをどこに向けるかで現実は変わります。不安を見ているとき、心は不安に侵されています。安全を得る方法を考えているとき、心は安全を見ています。

　そして、具体的な方法が見つかったとき

「なんとかなるかも…」

　と、あなたの心のうちから力がわいてくるのを感じてくださいね。

24　心が晴れないときは、泣ける場所を持とう

「どんなにポジティブに解釈しようと思っても、心が晴れません」

　これくらいだいじょうぶ、弱音をはいてもしょうがないと、本当の気持ちに蓋をしてきましたか。

曇った気持ちを乗り切りたいとき、オススメのアクションは

 泣く場所をつくろう。

　乗り切る力を持つとは、ネガティブ感情を感じなくすることでも、弱音をはかずにがんばることでもありません。むしろ、泣きたいときは思いっきり泣ける場所を持ち、弱音も愚痴も素直にはきだして、さっさとスッキリして前を向けることです。

　感じていないつもりでごまかしても、あなたのなかのネガティブ感情はなくなったわけではないので、いつか出てきます。

　できることなら、ここなら泣いてもいいという場所をつくってください。

　涙は、あなたの悲しみを洗い流してくれます。

　知らず知らず抱えていた悲しみが、YouTube や、映画を見て泣いたらスッキリしていたなんて経験、ありませんか？

　一番オススメなのは、受け止めてくれるひとにあって声をあげて泣くことです。ひとに会って大きな声を出すことはためらわれるなら、心をゆるせるひとと、LINE電話や、ZOOMなど、オンラインで話をきいてもらうのもいいですね。

　話をすると素直な気持ちが出ます。わたしのところに相談に来られたひとには、一番最初に、いまどんな感じ？　と聞いて自由に話してもらいますが、話をしていて泣かれることがよくあります。話した後はみなさんスッキリした表情になられます

よ。

　知っているひとに話しにくいなら、話を聞くプロに聞いてもらうのもオススメです。

　わき上がる感情には意味があります。なかったことにしないでください。はきだすことで、その気持ちがあってもいいとみとめてあげることになり、みとめてもらえたネガティブはそれ以上暴れることはなくなります。

　泣いたっていいんだよ。

25　休むことは人生のごほうび。
　　人生を長いサイクルで捉えよう

「病気療養中です。一応、傷病手当は降りましたが、気持ちが焦ります」

　わたしもかつて、緊急入院をすることになったことがあります。

　収入の多い仕事だったので、すごく残念でしたが、これまで稼いだお金で自分に贅沢をさせてあげようと思って、体調が悪くてふらふらしつつも百貨店に行って、ブランドタオルやガウンを買いました。実は、今も使っています。

　あなたはいま、時間が止まったように感じているでしょうか。

　ですが、時間は何があっても普通に流れています。

働きたいけど働けないもどかしさを乗り切る

オススメのアクションは

 ## バカンスのつもりで積極的に休もう！

　休む時間を、意味のある時間にしませんか？　意味のある時間とは、生産的に何かを生み出すということではありません。じっと寝ていなければならないなら、お気に入りのパジャマやまくらを用意して、快適に、積極的に休むのです。

　走り続けていたひとは、途端に奪われたような気になりますが、長い人生のなかでは、やっていることが止まってしまうことって結構あります。

　たとえば、女性が妊娠して産休を取ってしばらく仕事を休む。それは、子供を産むという、次のしあわせのための意義ある時間ですよね。

　どんなことが理由であっても、これまでのサイクルと違う流れになると言うことは同じなら、その時間を、味方につけてしまいましょう。

　長い人生のなかで、強制的に立ち止まる時間。その時間はこれまでの自分では思いつかないような発想をもたらしてくれるかも知れません。

　振り返ってみれば、これまで考えたこともなかったことについて考えられたり、そういう経験をしなければできていなかったことができていたり、アクシデントに強くなり、順応性が備

わったということはないですか？

　生産性のない時間ほど贅沢なものはありません。それはがんばってきたあなたへのごほうびの時間です。

　先を焦るときこそ、心を落ち着け、物事を長いスパンで見てみましょう。

「仕事で行き詰まりを感じています」

柔軟力で切り抜けていく
スペシャルな技術

Step **4**

26 八方ふさがりなときは、
　　失敗を重ねて経験を積みまくろう

「コロナ以降、集客が全然うまくいきません。この先、何をしてもうまくいかなそうでどうしたらいいのかわかりません」

　非常事態は、ビジネスどころじゃなくなることがあります。
　お店も早くしまり、職場も休みになり、この状況がいつまで続くかわからないので、何かをリリースしても、お客さまの財布のひもは固い。

　八方ふさがりです。ぶっちゃけ、うまくいかない方が普通です。
　何をやってもうまくいかないなら、何をやったっていいと思いませんか？
　どうせうまくいかないなら、ダメ元です。

　八方ふさがりを乗り切りたいとき、オススメのアクションは

 失敗をかさねて経験を積みまくろう。

　いまこそ、失敗するチャンス。
　やってみたいけど、失敗しそうで怖い。そう思ってやらないでいたことを、いまこそやってみませんか？　いま失敗しても

恥ずかしくありません。チャレンジしているだけで、ひとを元気にすることもできます。いまのうちに経験値をあげまくりましょう。

　非常事態、ひとは行動的じゃなくなります。だけど実は、そんなときこそ、行動やチャレンジのチャンスなのです。
　非常事態とは、コロナウイルスのような疫病のほか、地震や台風などの自然災害など様々ですが、コロナウイルスが特徴的なのは、特定の地域や国だけではなく、世界中、あらゆる職種、年代のひとが影響を受けたことです。

　これはある意味、大きなチャンスです。

　あらゆるひとが痛手を負っていて、あらゆるひとが失敗しても不思議ではありません。失敗しても恥ずかしくない。

　あらゆる挑戦は、多くの場合一度にうまくいくとは限りません。うまくいく場合、何度もトライ＆エラーを重ねているのです。
　と言うことは、ダメで元々のいまから、プレッシャーなく経験を重ねていけばいい。

　あなたには、挑戦してみたいことはありますか？
　これ、やってみたいかもということが思い浮かんだら片っ端からやっていきましょう。

　お金も仕事もないと、挑戦する余裕がないと思っているかも知れませんが、お金をかけずにできることだってありますよ。

　何かに挑戦しようと思ったとき、無理だと思う理由は、失敗が怖いからということもありますが、お金がないと思うからのことも多いですよね。

　お金があれば、クオリティを上げられる、ひとに依頼したりもできる、そんなこともももちろんあるでしょう。

　一番最初はお金をかけずにできるところから手をつければいいんです。

　単純に、あなたがやってみたいことについて、検索してみることだってありでしょう。検索にお金はかかりません。

　そこで出てきた情報を見たら、やれそうな気になったり、いま手をつけられることのヒントが見つかるかも知れません。

　さらには、あなたと同じように、チャレンジしてみたいけど、お金もないし、ひとりでは無理だと思っているひとがいるかも知れません。

　もしもあなたが、ひとりでもできることをやって、そのチャレンジを誰かに話したり SNS で発信したら、同じことをやりたいひとと出会って、一緒にやればさらに進めることができるのです。

　ひとりで挑戦してこけるのは怖いけど、一緒にチャレンジして失敗を分かち合える仲間がいたら、挑戦する勇気がわいてき

ませんか？

　このご時世、新しいことに挑戦していると言うだけで、ひとに勇気をあたえ、周りのひとは、そんなあなたのことを応援してくれたりするのです。

　失敗しても OK。いまほど、失敗できるひとが輝くときもありません。失敗はお金を払っても得られない体験です。

　いまこそ、新しいことにチャレンジしてみましょう。逆境は、新しいことに挑戦して失敗というスリリングな体験をするチャンスなのです。

27　お金を受け取るのが怖いときこそ、
　　　欲しい金額で売ろう

「好きなことを仕事にしたいけど、お金を受け取ることに抵抗があります。どうしたらお金のブロックを外せるんでしょうか？」

　お金を受け取ることに抵抗があるのはなぜか、そこから考えてみましょうか。

　抵抗があるということは、よくないと考えているからです。

　果たしてお金をもらうことはよくないことなのか。

　わたしたちは毎日のようにお金を払っています。スーパーで食べたいものを買ったり、電車に乗って行きたいところに行ったり、公共料金を払って快適な生活をしています。

　お金を払うと、なんでも希望がかないます。

　仕事をしてお金を受け取ることは逆にお客さまの希望をかなえることです。

　悪いことどころか、とてもいいことですよね。

　ならばなぜ、お金を受け取ることを悪く思ってしまうのか、その前段階から考えてみましょう。

　自分の働きに対してお金を受け取ることが仕事ですが、その、前段階があります。

　それは、ひとに喜んでもらうこと。

　喜んでくれるひとが増え、物理的に、全員に提供できなくなったとき「お金を払うからやって欲しい」と言うひとが現れます。

　わたしの商売の原点は、幼少時代にあります。

　わたしには生まれながらにして、10人中9人が振り返る、血管腫という、左の顔が右の倍のサイズに見える、見た目の症状がありました。

　それでも、人気者になりたかったので、友だちに喜ばれそうなことを色々やりました。似顔絵を描く、やさしくするなどなど。おかげで、友だちに恵まれ、ひとに喜ばれると楽しい、と

学習しました。

　中学生の頃、手さげやかわいい小物をつくっていたところ、ヤンキーの友だちから「お金を払うのでつくって」と言われました。

　カラー軍手にレースとリボンをつけたり、キャラクターのトートバッグをつくったり。ひとつ数百円から1000円までだけど、点数が増えると数万円になりました。

　販売の初歩とはあげること、だと思います。

　あげて喜ばれてうれしい！　が、バージョンアップすると販売になります。

　お金を受け取ることに抵抗があるのは、自分の仕事が、ひとから喜ばれないかもしれない、あなたの仕事にはお金を払う価値がないと思われるんじゃないかと心配だからではないでしょうか。

　その気持ちわかります。誰もが初めて商売するときは持つ気持ちです。

　そんなとき、代金はお気持ちで、とお客さまに判断を委ね、あわよくば、お金を払ってもらえるかもというリリースをするひとがいます。

　これは、あまりオススメの方法ではありません。

　お金を受け取る抵抗感を乗り切るために、

オススメのアクションは

 一番欲しい金額で販売してみよう。

だから売るのが怖いんだって！ という声が聞こえてきました。

どんな金額をつけようが、売れるかわからないのです。ならば一番売りたい値段で販売してみるという経験を自分にさせてあげませんか？

どうしても怖いなら、お客さまがひとりも来なかったとき、自分が得る喜びは？ と、自問自答してみてください。

そして販売できたら売れなくても勇気を出した自分をほめまくってくださいね。

もしも、あなたがつけた値段で売れなくて、サービスを提供することをたくさん体験したいなら、経験を積むためと割り切って、無料でやってみるのもいいと思います。

体験プレゼントとか、たくさんのひとに広げたいのでモニターとして受けてくれませんかとかポジティブな理由をつけてくださいね。

これまでできていなかったことを、実践できたのです。

売れようが売れまいが、販売する勇気を出したそんな自分にOKを出しましょう。あなた、無条件に100いいねです。

やりたいことは、やってみよう！
こわいのは、やってみていないから。

28　突然仕事を失ったときこそ、
　　　天職に出会うチャンス

**「仕事を辞めざるを得なくなり、ハローワークに通っています
が、なかなか次の仕事が決まりません。自分は何の価値もない
人間に思えて心が折れそうです」**

　仕事が見つからない。自分に NO を出されるようで心が折
れそうになりますよね。
　仕事が決まらなくても、あなたの価値が下がるわけではあり
ません。たまたまタイミングが合わないだけです。

　会社都合で仕事を辞めざるを得なくなったなら、失業手当を資格がある間もらい続けるつもりで、ゆったり構えて、いまだからこそできることをしましょう。

　突然のリストラを乗り切りたいとき、オススメのアクションは

> **天職に出会うチャンスだと思って、できる仕事の可能性を模索しよう。**

　あなたは、これまで、何の疑問もなく、これが自分の仕事だと思っていたことを失いました。
　その仕事は、どんなきっかけで、あなたの仕事になったのでしょうか?
　最初から思い入れがあったわけじゃなかったりしませんか?
　あるいは、幸運にも好きな仕事につけたとしても、最初からはうまくいかなかったはず。
　と言うことは、いまは想像もつかないような、あなたにできることがまだまだあるかも知れません。

　実は、天職って、そんな形でやってくることが結構あるんです。
　わたしが作家になったのは、デザイナーをしていましたが、全財産を失い、体を壊して、人生に挫折して、これまで触ったこともなかったインターネットに活路を見出したことがきっかけでした。

強制的に失うときは、流れが変わるとき。

これこそ、自分にもっと向いた仕事を見つけるチャンスと思って、頭をひねってみることをオススメします。

これまでやってきたことにこだわらず、制限を外して考えてみてくださいね。

29　生活のための仕事をしているあなたは、全力を尽くせば道が開ける

「生活のために間に合わせの仕事をしています。本当はやりたい仕事があるのに、このままでは元に戻れなくなる気がします」

合コンでモテるのは、美人イケメンだけにいい顔をする男女ではなく、どんなひとにもやさしいひとです。仕事も同じで、目の前の仕事を嫌々やっているひとには、本当にやりたい仕事もきません。

生活のために働くいまを乗り切りたいあなたに、
オススメのアクションは

 間に合わせの仕事に全力を注ぎましょう。

え？　違う仕事に全力を注いだら、二度とやりたい仕事に戻

れなくならないかと思いますか？　だいじょうぶです。仕事に
力を注ぐということは、どんな仕事でも同じです。

　これはちょっと不思議な話になりますが、わたしはそれぞれ
の世界にその世界の神さまがいるのではないかと思っています。
　いまある仕事を機嫌よくやっていると、仕事の神さまが「こ
いつをそろそろやりたい仕事に出会わせてやろうか」と采配し
てくれるのです。
　それはあなたの仕事振りを見た誰かからやってきたり、日々
の仕事が充実して機嫌よく本当にやりたいことの話を誰かに話
していたら、その仕事ならここに行けばあるよと教えてくれる
ひとが出てきたり、チャンスはひとに乗ってやってくるのです。
そしてひとは、明るく楽しく仕事をしているひとに惹かれます。
　むしろ、好きではない仕事でも楽しくできるひとこそ、リス
ペクトされます。
　仕事に心を注ぐということが、あなたが本来やりたい仕事に
戻れることにつながります。安心して、いまできる仕事に心を
注ぎましょう。

　どんな仕事であっても、仕事という意味では同じです。いま
できる仕事をすることで、自分はどんな状況に置かれても、生
活の糧を生み出すことができる、と自分のサバイバル力に自信
が持てるのです。
　いつかは戻りたい場所があること、自分はここでは終わらな
いと思えることは、パワーになります。理想は失わないで、い

まの仕事に全力で取り組みましょう。

　そうすれば、必ず道は開けます。

30　強制終了する仕事からは、
　　　あっさり離れてレベルアップせよ

「一度失った信頼は、二度と取り返せないのでしょうか。チームで仕事をしていて信頼を失い、チームを外されました。悲しくてたまりません」

　熱意を持って仕事をしていたのに、自分の不注意で仕事を離れざるを得なくなる経験、わたしにもあります。

　駆け出し時代、自分のセミナーの運営をしてくれていた会社のひとたちに、ある理不尽なことでキレてしまったため、今後もチームを組むはずが距離を置かれたのです。

　そのとき、わたしはどうしたか？　自分の場所で、いつか先方からまた一緒に仕事をしたいと言ってもらえるひとを目指しました。その思いどおり、何年も経って、わたしはその会社のセミナーの講師として多くのお客さまを集め、当時の未熟さを謝ることができました。

　信頼を失ったあなたに、オススメのアクションは

 あっさり引き下がり自分の持ち場で心を尽くそう。

　心を尽くしたつもりでも、失敗したり、仕事が終わってしまったり、その場を離れなければならなくなって、自分を責めたり、あまりのショックに相手を責めてしまうこともあるかもしれませんが、全力でやっていたなら、反省はしても自分を責める必要はありません。

　どんな理由があろうと、自分がミスをしたこと、いまがタイミングじゃないことだけは確か。ならばあっさり引き下がり、自分の場所でいまできることに心を尽くしましょう。うまくいかないときは、うまくいかない方がいいのです。つまり、これじゃないことの方がうまくいくのです。

　あなたにもっと向いていること、能力を生かせることがあるのに、あなたがそれに気づいていないとき、そのことに気づかせるために、強制終了という形で、いまの仕事を奪われることもあるかも知れません。
　強制終了が起こったら、潔く撤退する。そして他の可能性を探ってみましょう。

　もしも、強制終了したことが、あなたに本当に向いていて、あきらめない方がいいことであれば、あなたはまたそのことに取り組むときがきます。そのとき、成長した自分で戻るためにも、自分の持ち場で力を蓄えておいてくださいね。

31　仕事が楽しくないときこそ、
　　　本当の才能に気づくとき

「仕事にやりがいを感じられません。かといって飛び抜けた才能もないので仕事を変えることもできません。凡人は才能を活かして働くことはできないのでしょうか?」

　ひとは、自分のなんらかの才能を、労働に換算して収入を得ています。自分の仕事を、こんな仕事、別に好きで選んだわけじゃないと言いたくなるかも知れませんが、あなたが仕事をして、収入を得ているのは確実に、お金を払うに値すると職場やお客さまにみとめられているからこそ、お金になっているのです。

　自分を卑下する気持ちを乗り切るとき、
　オススメのアクションは

> **自分はどんな才能を使って仕事をしているのか、見直してみよう。**

　自分が無能に思えるのは、才能を活かしきっていないからです。
　ひとは、働いて収入を得るために、自分の才能の一部しか使っていません。自分が無能に思えるときこそ、まだ気づいてい

ない、自分の思わぬ才能に気づくチャンス。

と言うと、才能と呼べるものは何もないと思うでしょうか？どれくらい優れていたら才能とみとめられるんだろうと考えるひともいるかも知れませんね。

才能とは、あなたのすべてです。できることはもちろん、どんなにチャレンジしてもできなかったことも、ぜひあげてみてください。失業して再就職しようとしても、それだけは無理ということがあるなら、それを避けるために普通ならできないようなことが、あなたにはできるかもしれません。それも才能です。

できないことはできることを見つけるヒント。できることと言われても自分なんか大したことないと思っても、できないことならすぐ思い浮かんだりしませんか？

たとえば、自分から主張するのは苦手だけど、ひとの話を聞くのは苦にならないひとなら、つらい話や愚痴を聞いてくれる、ありがたい存在になれるかもしれません。

好きなこと、大して苦労していないのに、たやすくできたことを思い出しましょう。

それは、これから仕事につながる可能性があります。

あなたの才能を、すべて形にすると決めましょう。そうするとまだまだできることがあると気づきますよ。

32 仕事ができないときは、想像するだけで
　　ワクワクする自分になりきろう

**「仕事ができなくても、できるひとのふりをすると結果が付い
てくると言いますが。できないのにできるふりなんて、相手を
だますようで抵抗があります。こんなことで本当に仕事ができ
るようになるのでしょうか」**

　できないのにできるひとのふりをする。そのことの本当の意
味とは、単に未熟な自分なのに優秀だと見せかけてだますこと
ではありません。あなたがいつかはなりたいひとになりきると
いうことです。つまり、だますのは自分自身です。

　いまはまだそうじゃないけど、いつかはこうなりたい。
　いまはできないことがあるって、未来の希望があるというこ
と、なりたい自分のふりをするのは、希望の未来をいまから生
きることです。

　いまはまだできない、そう思っていることのなかには、いま
すぐできること、できるようになる日のために準備できること
があるかもしれません。
　わたしは、目標を立てるときにはゴール設定が必要だと思っ
ていますが、ゴール設定をするときは、もうゴールにだどりつ
いた状態をイメージしながら宣言します。

　近いところで言うと、2020年12月31日を理想体重46Kgで迎えますと宣言してかなえました。

　最近決めたことでは「還暦でベストセラーを出す」。それをことばにしたとき、とてもワクワクしました。

　もちろん、還暦にならなくてもベストセラーを目指していますが、60歳のオバちゃんがベストセラーを出せたらかっこいいな、還暦でベストセラーという響きも楽しい。

　そのためには、いま出すこの本もベストセラーを目指しています。還暦のベストセラー作家になるには、いまからベストセラー作家になることが大切なのです。

　仕事ができないいまを乗り切る、オススメのアクションは

「想像するだけで
ワクワクするわたし」

優雅
とは…

お昼から優雅に
ビーチでおにぎりを
食べる女性を

Amabie

ビーチはビーチでも
ビーチプール
（子ども用）

ビーチプールを
うちで、ひろげるときは
必ずブルーシートを
しきましょう。

仕事ができなくてもできるひとのふりをする本当の意味、わ
かっていただけたでしょうか?

33　売れてないときから、もてなしの心を
　　　持つとお客さまがやってくる

**「仕事の幅を広げようと色々チャレンジしていますが、結果が
出なくてくじけそうになります。結果が出るまではどんな心持
ちで臨めばいいんでしょうか」**

　新しいサービスをリリースしたとき、多くの場合、最初は売
れません。なぜなら、まだあなたのことが知られていなくて信
頼関係が築けていないからです。
　売れていなくてもひとに喜ばれているなら、愚直に仕事やお
客さまに礼を尽くしましょう。売れるか売れないかは、知られ
ているかまだ知られていないかというときもありますから、あ
なたのサービスに価値がないわけではありません。

　売れない駆け出し時代を乗り切る、オススメのアクションは

売れようが売れまいが、もてなしの心を持とう。

仕事がなくてもだいじょうぶと思いましょうと言うと、ずっと仕事が来なくなるんじゃないかと心配かもしれませんが、だいじょうぶなんです。

ここで、仕事というものの定義を考えてみましょう。

仕事と言うからには、他人に提供して対価を得ることだと思いがちですが、家族のためにおいしいご飯をつくること、うちのそうじをすることなども、ひとつひとつの労働に給料が支払われなくても、間違いなく仕事です。

心が沈んでいるひとに向けて、インスタライブでひとの相談を受けて元気づける発信をしたら、それが無料であっても仕事です。

自分にいまできることを、仕事と認識して、心を尽くしてやってみましょう。ありがとうと言われたり、喜んでもらえて、あなたの心が満たされるかも知れません。

うまくいっていないときに、心を尽くせるって、あたりまえじゃないんだと思うからこそ、自然に感謝できるし、感謝されることでいつも以上に満たされます。

いまは仕事にならなくても元々の気持ちで、まだ見ぬお客さまに心を尽くしていると仕事が来ることもあります。わたしはこういうとき、コンサルティングの依頼をいただくことがよく

あります。

　楽しみにしていてくださいね。

34　嫌いな同僚は、
　　その違いを楽しみながら働こう

「職場に苦手なひとがいます。そのひとがいると周りも殺気立ち、同じシフトで働くことが苦痛です」

　嫌な奴さえいなければ快適なのに…そんなことってありますよね。

　わたしもかつて、ひとにまどわされていましたが、いま、嫌なひとがいません。なぜそうなれるのか、考え方のヒントにしてみてください。

　大前提として、すべてのひとがどんな気持ち、どんな態度で働くのも自由です。

　それがあなたや、他のひとたちとぴったり合っていればラッキーですが、ときには相性が悪いこともあります。

　そんなときは、無理にうまくやろうと思う必要はないけど、合わないひとを排除するのをあきらめることです。仮に運良く排除できても、合わないひとを排除したい心持ちでいると、また合わないひとに出会ったら同じように消耗します。

　あなたはそのひとの立場で考えてみたことがありますか。そ

のひとは、どうしたらあなたやみんなとうまくやれるのか、なやんでいるかもしれませんよ。

　苦手なひとに惑わされるあなたに、オススメのアクションは

> ## レアキャラを発見したつもりで、違いを観察して楽しもう。

　ゲームのラスボス、ドラマのヒール役を見るように自分との違いを楽しみましょう。

　苦手だとなやむのは、自分が合わせようとしたり、相手に合わせてもらおうとするからです。ひとはそれぞれです。合わない相手を変えようとがんばるのはやめて「そうくるか〜！」と違いを楽しみましょう。

　自分の常識の斜め上をいく、個性的なキャラクターをながめるようにみていると、何だかかわいく見えてきたり、そのひとにも色々あるんだなと背景が見えてきたり、もしかして周りが勝手に殺気立ってるだけかもと、うまくやれるヒントが見つかるかも知れません。予想外のひとの存在はあなたの視野を広げてくれます。

　あなたが相手をそのまま受け入れるようになると、いつの間にかうまくやれるようになっていたりします。

　ひとの数だけ個性があります。視野を広げ、違いを楽しんでみてくださいね。

「周囲に流されがちで
自信が持てません」

惑わされない勇気を持つ
大事なポイント

Step **5**

35　ひとに頼るのが苦手なあなたは、
　　　ドジを公開してプライドをぶっ壊せ

**「ひとに頼るのが苦手です。困ったことがあっても助けを求め
ることができません、どうすれば心を開けるのでしょうか?」**

　コロナになって、国は一律10万円の給付金を支給しました。

　これって、考えてみればすごいことです。

　飲食店など、休業要請をするなら、保証をして欲しいと訴え
ているひとたちもいます。これも、すごいことです。

　支援を募る、クラウドファンディングを立ち上げるひともた
くさんいました。これも、本当にすごいこと。

　え?　何がすごいの?　と思ったでしょうか?

　「わたしは困っています、助けてください」

　かつてこんなに多くのひとが、堂々と他人に助けを求めたこ
とがあったでしょうか?

　ついこの間まで、お金に困っている、仕事がないとおおっぴ
らに言うことには恥ずかしさがありました。

　ですが、みんなが経済的に困窮したり、仕事がなくなること
はあたりまえで恥ずかしいことではなくなり、堂々と助けを求
められるようになりました。

　みんなが困る状況は、弱みが見せられなかったひとが助けを

求めるチャンス。

それでもあなたは、助けを求めることが苦手ですか?

ひとに弱音がはけないあなたに、オススメのアクションは

 ドジを公開してプライドをぶっ壊そう。

ひとに弱音をはけないひとは、まず三枚目の部分を見せるところからチャレンジしましょう。

弱みを見せないひとには、条件反射的に自分を盛る癖がついています。

カッコいい自分を見せて見せたくなことは見せない。これは悪いことではありません。

ですが、自分のドンくさいところを盛らずに見せてくれるひとに、ひとは親近感を覚え、それが魅力になったり、共感してホッとしたりするのです。

ようは、恥をかき慣れようということです。ちょっとドジを公開してみましょう。

たとえば、今日はお昼まで寝ていてすっぴんの写真とか、盛り付けが雑で映えないおうちごはんの写真を載せるとか。イケてない自分を見せるのです。

自分では絶対見せたくない自分の姿、やってみると思いがけないほどいいねがつくかもしれません。

人生、いつどんなことがあるかわかりません。

困ったとき、ひとに頭を下げて助けを求められること。ひとに心を開いていなければできることではありません。

周りのひとの力も自分の力にできること、これも乗り切る力です。

ひとはとかく、助けを求めずに手を差し伸べてもらおうとするものですが、助けを求めなければ困っていることが周りのひとには伝わりません。

大変そうだからサポートをしたいと思っても、失礼かもしれないとためらってしまうものです。

自分が助けを求めることで、他の困っているひとが、助けを求めてもいいんだと楽になることもあります。

ひとに助けてもらえたら、ありがとうを伝えることもできる。助けを求めることによって感謝する機会ができるのです。

あなたを助けたひとも、自分もひとを助けることができるんだと、温かい気持ちになれます。

自分にも、ひとを助け、感謝されるようなことができるんだという実感は、助けの手を差し伸べたひとにとっても乗り切る力になるのです。

いかがでしょうか？　ひとに助けを求めるっていいことばかりだと思いませんか？

あなたが困っていて、ほんの少し助けてもらえたら楽になる

と思っていることがあるなら、少し勇気を出して助けを求めてみて。

　具体的な誰かだけではなく、公的な補助なども受けられるものは受けてみましょう。

　思った以上にひとも社会もやさしく、自分が守られていることに気づきます。

　助けられるひとも助けるひとも、心を開いてやさしさと感謝を忘れずにいましょうね。

36　自分に自信が持てないあなたは、
　自己チューになろう

「飛び抜けた能力がないわたしは、自分に自信が持てません。自信がないと何かあったとき、乗り切る力も弱い気がします。もっと堂々としたひとになりたいです」

　自信が持てない、よくそんな相談が届きます。

　自信とは、能力を指しているようですが、実は、自信と能力には関係がありません。

　めちゃくちゃ能力が高くても自信がないひともいれば、ポンコツでも自信満々のひともいます。

　自分に自信を持てないのであれば、その気持ちを無理になく

す必要はありません。

なぜなら、自信を持っていることと、アクシデントを乗り切れるかには関係がないからです。

自信がないままでも OK。ただ、自分がそこを乗り切ることだけに集中しましょう。

自信がなくて乗り切る力が足りないあなたに、
オススメのアクションは

 とことん自己チューになろう。

ダメな自分がひとを押しのけて自己チューになるなんてとんでもない?

そうです。自信が持てないひとこそ、自分中心になってほしいのです。

自信が持てないという感情は、周りのうまくいっているひとや、自信に満ちているようなひとと自分を比べるから起こることです。

あなたが、自分についてどんな感情を持つかはあなたの自由ですが、周りのひとを意識したところで、自分のメリットになることは何もありません。

自分に自信が持てないひとは、周りのひとの顔色を伺い、遠慮しがちで、そんなひとにとって、自己チューになるのは一番

むずかしいこと。

安心してください。

自己チューとは、他人を押しのけてドヤドヤすることではありません。

周りで何が起こっていても、自分に寄り添ってください。本当の自信とは自分に寄り添い、自分を信じてこそ、生まれてくるものなのです。

37　ありのままの自分を出せないあなたへ、自分がひとり目のファンになろう

「ありのままの自分を出せば共感されると言いますが、さらけだしたところで、誰にも共感してもらえなかったら、ひとりぼっちになりませんか？　さみしいし恥ずかしいです」

あなたが、あなたらしさを表現しても、最初は誰にも気づかれないかも知れない。それは単にすぐ気づかれないだけで、ディスられているわけではありません。

ありのままを出せないあなたに、オススメのアクションは

 自分が、自分のひとりめのファンになろう。

あなたに賛同するひとが誰もいなくても、批判してくるひと

がいても、自分というファンがいますから、あなたが失うもの
は何もありません。

　誰かがあなたをバカにしても、あなたはあなたをバカにしな
いでください。

　自分なんて、ファンになりたいほど魅力的じゃないし、ファ
ンがいないから自分がファンになるなんてみじめだと思います
か？　いま魅力があるか、他にファンがいるかにかかわらず、
自分だから、ファンになるのです。
　むしろいまの自分イケてないと思うからこそ、イケてないい
まから、応援して成長を見届けるのです。
　売れない芸人さんや、垢抜けていないアイドルを応援する感
じをイメージしてみてください、誰も知らなくて、イケてない
自分だからこそ応援しがいがあるのです。
　いまを受け入れてありのままで生きることに抵抗があるなら、
いまがチャンスです。

　自信がない自分も、イケてない自分も OK。
　本当に乗り切る力とは、すべての自分の姿を受け入れて、そ
んな自分の味方になることです。

　これから自分に何が起こっても、自分は自分のファンでいよ
うと決めてください。
　これから自分が何をしたら自分は成長できるのか、自分とい

う演者の YouTube を撮影しているつもりで取り組んでみてください ね。

38 飽き性のあなたへ、やり切りたいことと 好きなことをセットにしよう

「何を始めても挫折してしまいます。何かひとつくらいやり遂 げてみたいです。くじけずにやり切るコツってありますか?」

STAY HOME でスタイルアップを見て、早速ダイエットに 挑戦したひとがいました。ですが、挫折してしまって続かなか ったと、彼女は自分にがっかりしていました。

いつも挫折してやり切る力が足りないあなたに、 オススメのアクションは

 目標と自分の好きなことをセットにしよう。

わたしがダイエットをやり遂げたのは、ダイエットと好きな ことをセットにしたからです。

まずはダイエット活動に、気持ちが上がる名前をつけました。 ネーミング重要です。体重を減らすより、スタイルよくなりた かったので、スタイルアップと名付け、「STAY HOME でスタ イルアップ」とキャッチフレーズをつけました。軽快で韻をふ

んでいい感じ。

　料理をかわいく盛り付けて写真を撮ることや、どんな料理にするとヘルシーかつおいしいか、レシピをつくるのもやってみたら楽しかったので続きました。

　体型が変わると、洋服の似合い具合が変わります。ノースリーブなど、ムリ目の服装がどれくらいやせれば似合うのか検証するのも楽しいし、軽い運動を毎日することで、健康になったので負担なく続けられました。

　わたしは物事を始めるとき、100日続けられるかを考えます。続けると、同じ目標を持つひとに役立つノウハウになります。

　ゴール設定をして、決めたことを達成するのも好きなのでゲーム感覚で続けられました。発信をしたり、本を書くのが仕事なので成果を出すと SNS で発表したり、出版できるかもと、

やりがいを感じました。

　本やノウハウを発表するひとじゃなくても SNS で公開すると応援してくれるひとが現れ、より継続には効果的です。

　あなたがやりたいことと、自分の好きなことをいくつ結びつけられるか、それを飽きずに続けられるか、始める前にチェックしてみてください。

　気持ちが上がるプロジェクト名もつけてみてね。

39　元気が出せないときは、
　　　誰よりも自分にやさしくしよう

「元気が出ません。どうしたらいいでしょうか?」

　よく行くお店で、店員さんがコロナウイルスに感染して、お店が臨時休業することがしばしばありました。

　なぜここまでの対応をするのか、それは、明確な治療法が解明されていない状況で、コロナウイルスに感染するひとが増えると、病院のベッドが足らなくなり、全員が入院できなくなるからです。

　そうすると、軽症者は国が指定したホテルで養生することになります。

　自分の心と体を守るとは、ホテルで養生している状態です。これは、場所が自分のうちでも同じです。

病院に入院はできないし、ひとりで部屋にいるしかないけど、無理をせず、元気になるまで養生する。国が休んでくださいと言っているのだから、自分は守られていると信じ、誰よりも自分にやさしくしてください、

自分なんて、それほど困った目にあっていないのだから元気出さなきゃ、なんて、自分を奮い立たせようとしていませんか?

元気が出ないのに自分を奮い立たせることは、長い目で見れば効率的ではありません。

心身の不調を乗り切るために、オススメのアクションは

> **ネガティブが陰性になるまで、自分にやさしく、養生しよう。**

子どもの頃、高熱が出たら学校を休み、熱が下がるまで何もしないでこんこんと眠りましたよね。

お母さんがおかゆや、りんごのすりおろしをつくってくれて、いつも勉強しなさいと言うお母さんも、そのときばかりはやさしくしてくれませんでしたか。

おとなになったわたしたちは、やさしいお母さんの役目を自分ですることもできます。

あなたがいま、元気を出せないなら、コロナに感染している

けど無症状であるというような、自分で自分を休ませたほうが
いい状態なのです。

　あなたがどれだけ自分にやさしくしても、誰かがあなたをと
がめたりはしません。自分をどれだけねぎらっても、ひとに迷
惑をかけるわけではないのです。
　仮に、周囲に無理を強いるひとがいても、自分のペースを守
り、自分を休ませることができるひとこそ、本当に強いひとで
はないでしょうか。

　自分はいま元気がないと自覚したなら、自分で自分を守るこ
と。他人には、あなたがどれほどしんどいのかわからないから。
　日常生活のなかで、元気が取り戻せないなら、他人に期待し
ても元気になれません。

　あなたにとっての「自分にやさしくする」とはどんなことか
を、自分で見つけて、自分を癒してください。
　高熱のときの、おかゆやりんごのすりおろしのように、あな
たをリラックスさせるものはなんでしょう?

　大好きな音楽を聴くこと、お風呂上りにクーラーをかけてア
イスを食べること、休みの日に目がさめるまでとことん眠るこ
と、ウーバーイーツで高級弁当を頼むこと。自分ひとりですぐ
にできることもありそうですね。

　それでもどうしても元気になれないこともありますが、何が自分にやさしくすることかあらかじめ知っておくことは、心にワクチンを接種するようなことです。

　かつては、多少無理をしても、そうそう簡単に仕事を休めない雰囲気がありました。

　いまは、一度コロナウイルスに感染すれば、無条件に本人が出勤できなくなるだけではなく、お店そのものがしまったりします。

　それはなかなかハードなことですが、自分が元気でいることが、周囲の元気につながるということが具現化したとも言えます。

　元気がないときは、とことん自分にやさしく、養生しましょう。

　誰よりも自分にやさしくあることが、ひとにやさしく、周りの元気につながるのです。

40　理想と現実のギャップに苦しむあなたは、おうちホテルをつくろう

「今の自分を受け入れられません。理想から程遠くて悲しくなります」

　STAY HOME を利用して、うちのなかにあるものを好きな

ものだけにしてみたところ、思いがけないことが起こりました。

　単に部屋が綺麗になって気持ちいいだけではなく、等身大の自分を受け入れられるようになったのです。なりたい自分と、いまの自分のギャップを楽しみ、理想に近づいていくことを楽しめるようになりました。

　理想と現実のギャップを乗り切るために、
　オススメのアクションは

**うちのなかをお気に入りだけにして
ホテルのような部屋にしよう。**

　ホテルの部屋って、本当に必要なものしか置かれていないですよね。空間把握ができていることは、心の底からの安心感につながります。あなたが心の底から自分を受け入れたいなら、この機会に、おうちホテルをつくり上げてみませんか？

　うちを綺麗にしようと決意しても、なかなか最後までやりきらないまま終わることってないですか？　わたしも、最後まで終わらせられたことがありませんでした。

　うちのなかを20くらいの区画に分けて、その区画のなかに置くものを全部いる、いらないに分けて、いるものだけを残していきました。ポイントはがんばりすぎないこと。一度に片付かなくてもそんな自分にOKを出す。

　これは、ものを多く持たないミニマリストになることではあ

りません。実用的ではないけど、気に入っているものは捨てなくてもいい。とにかく、自分がいると思うものだけにするのです。それだけで部屋のグレードが上がります。

　何より重要なのはやりきることです。住空間に最善を尽くすことは、自分のいる場所に最善を尽くすこと。いまできる範囲で最善を尽くすことは、いまの自分を受け入れることにつながります。

　一気にやってしまおうと思うとくじけますから、ある程度長い期間を決めて毎日、その区画のなかでいらないものを捨てていけばいつかは終わりがきます。

毎日、取り組んだ分だけ自分を受け入れていけます。だんだんスッキリしていく住空間に、心が満たされていくのを感じてくださいね。

41　ひとの意見が気になるあなたが、
　　　ぶれないひとになる方法

「いつもひとにどう思われているかが気になります。どうすればひとのことが気にならなくなりますか」

　ひとにどう思われているか、すごく気になって、ぶつかり合うのを恐れているひとがいます。

　そんなとき、周囲に惑わされずゆったり構えていられるといいですよね。そんなことができるようになるには、すごい人間力が必要じゃないかと思うかも知れませんが、話は結構シンプルです。

　ひとに惑わされたくないあなたに、オススメのアクションは

 立ち止まって、自分の心の声に耳をすませよう。

　あなたが泥沼にハマってしまったとします。脱出しようとバタ足をして泳ぐと、足で泥水をかき回すことになり、泥水が広がって、水のなかで前も見えず、ますます泥沼から出られなく

なり、まさに泥沼にハマってしまいます。

　泥水に囲まれると、一刻も早く抜け出したいのが人情ですが、とにかく動かずに止まること。そうすると泥は沈み、水は次第に澄んでいきます。ようは、騒ぎが起こっても、ジタバタしないで静止すれば、騒ぎは必ずいつか落ち着くと言うことです。

　たとえば、コロナウイルスの対策について、自粛するべきか、アクティブに経済を回すのか議論が行われました。この議論に正解はありません。どちらも一理あり、マイナスもある。

　正解がないなら、自分の答えは、自分で選べばいいんです。もしも、あなたの選択が間違っていても、本当にヤバければ法律で規制されますからだいじょうぶなのです。

　外でどんな騒ぎが起こっても、自分の場所にとどまり、自分が何を信じるのか、心の声に耳を傾けてみてください。

　誰がどう言っているかではなく、あなたが何を信じるのかで物事を選びましょう。

　あなたを取り巻く混沌とした世界が、立ち止まって澄んだ水になったところに見える世界は、あなたにとっての正解であり、あなたに光をもたらします。

　何があっても自分の心の声に従う習慣をつければ、心に平安が訪れるでしょう。

42　世のなかの気分に惑わされるあなたへ、
　　　暗闇のなかで光を見よう

「気をもらうといいますか、世のなかのネガティブな現象に影響を受けてしまいます。そんなときもポジティブでいられるひとになりたいです」

　停電して、部屋が真っ暗闇になってもしばらくすると、そのなかで光が見えてくることがあります。うっすら光が見えてきて、暗闇のなかでもできることが見つかるのです。

　停電してライフラインが途絶えても、そのなかでできることを見つければ、心のライフラインは消えません。光がなくてもできることを見つけたとき、心に光が灯ります。

　世界が暗闇に包まれることを、ひとは普段意識して生きてはいませんから、暗闇になればパニックにもなるでしょう。

　ですがそんなとき、この状況でもできることがないかと頭を切り替えられる柔軟性を持てば、しなやかに乗り切る力になります。

　ポジティブなひととは、暗闇のなかで光を見られるひとです。それはアクティブに行動を起こすこととは限りません。

　暗闇を受け入れ、ゆっくり休む時間をもらったと思って、光には関係がない音声を聞くとか、ゆっくり横になって10時間くらい眠って休養するなど、いまでもできるアイデアがわいたら、

心のなかにパッと小さな明かりが灯るような感覚になるでしょう。それが、暗闇のなかで光を見ることです。

ネガティブ現象を乗り切りたいあなたに、
オススメのアクションは

 暗闇のなかで目を凝らして光を見よう。

世のなかに起こることと自分の心持ちには関係がありません。
あなたのライフラインは、あなたのなかにあります。電気が通っているとか、ひとやサービスにアクセスできるかには関係がないのです。暗闇に置かれることは、わたしたちが自家発電できるか、自分のライフラインを自分でつくり出せるか、その力をつけるよい機会です。
まずはゆっくり眠りましょうか。
普段の30%のパフォーマンスでもよし、と暗闇を受け入れ、目がさめるまで寝てやろうとゆっくり眠ってみてください、自分を責めすぎないでくださいね。

朝のこない夜はないよ。

「孤独、さみしい思いが
    湧き上がってきます」

あなたを救うつながりを
どう創りだすか

Step 6

43 ひとりでさみしいなら、
毎朝外に出て空を見上げよう

**「ひとりでもさみしさを感じない方法ってありますか？　ひと
とのつながりが希薄になった上にひとが殺伐としていて、ひと
り取り残されたような気分になります」**

コロナウイルスの流行で、ソーシャルディスタンスがひとと
の距離感のスタンダードになり、物理的にひとに近づきすぎな
い社会になった上、ひとの心も殺気立ち、ひととひとの分断が
起こりました。

そんな社会に、孤独を感じるひとも多いでしょう。
逆に、分断することで本当の意味でひととつながる感覚を持
てて、会える会えないにかかわらずひととつながる極意を体得
したひともいると思います。

わたし自身、この原稿を書いているいま現在2021年の５月３
日、緊急事態宣言が出され、ゴールデンウィーク中、帰省もせ
ず誰にも会わないでひたすら本の原稿を書いていますが、孤独
でつらいという感覚はありません。

先日オンラインサロンの仲間と、ZOOM で話す ZOOM オ
フ会を行いました。そのなかには、2020年３月の緊急事態宣言
以来、ちょっとした買い物やご家族の通院、ご家族と外食をす

る、役所に行く以外の外出をしていなくて，友だちなどに一回も会っていないメンバーがいました。

　高齢のご両親や、彼女自身の持病もあるので健康を守るためにそうされているとか。彼女がさみしさをまったく感じないかといえばそんなことはなく、友だちにあったり、好きな舞台を見に出かけたり、旅行したりできるといいなと思うこともあるそうですが、彼女が穏やかに過ごせているのは元々の性格だけではなく、彼女の行動にその秘密があると思いました。

　彼女は、ブログや、メールマガジン、LINE 公式アカウントなど、SNS を毎日更新されています。
　つまり、自分からつながりをつくられているんです。

　わたし自身も、ゴールデンウィークはひとに会っていませんが、自分からオンラインサロンの仲間と ZOOM オフ会を開いたり、出版塾という、出版を目指すひとが集まる私塾の仲間の実践を見たり、LINE 公式アカウントに寄せられたおなやみ相談に答えたりして、自分からひととつながっていっています。実家の姉と LINE 電話で話したりもしています。

　本の原稿を書くことも、いま読んでくれているあなたに伝えているつもりで書いているので、原稿を書くとき、わたしはひとりですが多くのひととつながっている感覚があります。
　と言うと、わたしは本を書いたり SNS で発信するなんてむ

ずかしいと思うでしょうか?

　だいじょうぶです、発信が仕事ではないあなたにもオススメの方法があります。

　ひとりのさみしさを乗り切りたいあなたに、
　オススメのアクションは

 毎朝、空の写真を撮ろう。

　わたしは毎朝、7時前に外に出て空の写真を撮り、思い浮かんだメッセージを添えて朝7時にインスタグラムのストーリーズに投稿しています。

　これは、#ななそらというコンテンツで、何人かのひとが取り組んでいます。

　わたしは、文章を発信することが仕事で、綺麗でストーリー性のある写真を撮るのが好きなので、そこにこだわっていますが、朝7時に空の写真を撮るということだけがルールなので、メッセージを添えるかどうか、どんな写真を撮るかも自由です。もっと言えば、朝7時でなくてもいいのですが、同じルールで取り組む仲間がいるとそこにもつながりが生まれます。

　写真を撮るとき、ひとは被写体と会話しています。朝早く外に出て、空と会話する、メッセージというのはその会話を文字にしているのです。

上を向いて空を見上げたとき、暗い気持ちになるのはむずか
しいようです。朝から前向きな気持ちになれば、一日いい気分
です。自ずと前向きなことばが浮かんできてひとに伝えたくな
ります。

　文章を書くのはむずかしいかもしれませんが、空を見上げて
写真を撮ることならできそうな気がしませんか。あなたの感性
を外に向かって発信する、そのときあなたは空と、あなたの写
真を見つけたひとつながります。　#ななそら、よかったらやっ
てみてね。

44 ひきこもるなら、クリエイティブかつ アクティブにひきこもろう

「ひとりでうちにいると気が滅入ってしまいます。孤独なひとり暮らしを楽しむ方法ってありますか？」

STAY HOME は、気が滅入りがちですよね。

わたしは、どうせうちにいるなら、この時間を最大限に楽しもうと思いました。

おいしいものをつくって、その写真を撮ろう。うちを綺麗に片付けよう。誰かに見せるわけじゃなくても、わたしが喜ぶ日常を過ごそう。

こんな感じに、毎日のリズムをつくりました。

朝は5時くらいに起きて、YouTube でライブ配信を聞きながら、洗濯と掃き掃除と花の水を替える。そのあと、朝ごはんの準備をしてごはんを食べて、7時前に外に出て空の写真を撮ってインスタにアップする。

朝9時から夕方5時まで本の原稿を書く。

5時からスーパーに出かけ、帰ってきたら夕食の準備をして夕食を食べる。

夕食のあと、運営するメディアの更新をする。

ひきこもりで自堕落になりそうな日常を乗り切る

オススメのアクションは

> **YouTube を撮っているつもりで
> 一日のルーティーンを決めてみよう。**

　ひきこもり生活を最大限楽しもうと考えると、自堕落な生活になりそうな気がするでしょうか？　そんな日もあってもいいと思います。

　むしろ、一度思いっきりやってみてください。何しろひとりなのですから誰にも遠慮はいりません。

　心置きなく自堕落に過ごしたら、人間、自分に快適な環境をあたえてあげたいという気にもなってきます。ずっと部屋の戸を締め切っていたら窓を開けて、きれいな空気を吸いたくなる感じです。

　STAY HOME 生活で、わたしは、早起きになりました。

　超早起きをして、丁寧に朝ごはんをつくって、窓を開けて自然光でごはんの写真を撮って、白湯を飲んで、ダンスをしてごはんを食べます。

　意識の高い美容系ユーチューバーのモーニングルーティーンのような生活を誰に見られていなくてもやっていると、心も体も元気になり、ああ、自分を大切にしているとか、丁寧に暮らすってこういうことかも、と思いました。

　ひきこもりというと、窓を閉め切って、一日じゅう毛玉だら

けのジャージで過ごすようなイメージを持ちがちですが、思いっきり優雅にひきこもるのもアリです。

　もちろん、一日ジャージでダラダラ過ごして、起きたいときに起き、寝たいときに起き、食べたいものを食べるのも、最高にリラックスできる時間ですよね。

　メリハリをつけて、罪悪感なんて一切感じず、そんな日を楽しむのもいいでしょう。

　一口にひきこもりといっても、無限にスタイルがあります。
　あらゆるスタイルのひきこもりをやってみようと決め、やってみた感想をYouTubeやインスタのストーリーや、ブログで発信するのもおもしろそう。

せっかくなら、ひきこもりのプロフェッショナルになってみるのもいいね。

45　リモートのつながりは味けない？
　　　ZOOM を楽しむ３つのポイント

「ひとに会えないとき ZOOM で話していますが、やっぱり会うことにはかなわない。リモートでも会うくらいつながりを感じる方法ってありますか？」

　ZOOM で話すことに不慣れだった頃は新鮮でしたが、それが日常になるとやっぱりもの足りない。話すタイミングがダブったり、話さないでいると落ち着かなくて気疲れしますよね。

　リモート疲れ気味のあなたに、オススメのアクションは

目的を持ってリモートだからできることを楽しもう。

　ZOOM を会う代わりと思うと、もの足りなさや、不便に感じますが、ZOOM ならではのよさを生かす方法を考えてみてはいかがでしょうか。

　わたしは、オンラインサロンの仲間と「未来会議」を行って

います。

　オンラインサロンのメンバーの多くは、自分の得意なことを仕事にして、お客さまに提供しています。申し込みをいただいて、対面でお客さまに会ってする仕事です。ですが、STAY HOME になり、お客さまに会うことができなくなりました。

　そこで始めたのが「未来会議」。未来会議とは、現状を受け入れたうえで、未来はどうなりたいのかを確認しあい、いますぐできることを一緒に見つけ、いまできる行動計画を立てる WEB 会議です。WEB ですから、その SNS を一緒に見ながらよい方法を一緒に考えるにも ZOOM はとても便利です。

　わたしは、こういった相談を有料のコンサルティングでも行っていますが、コンサルティングのようにわたしからのアドバイスというより、友だちと話すように、だけど建設的な提案をするのが未来会議の面白いところです。

　この活動はとても喜ばれ、多くのひとが、経済活動をあきらめるなか、オンラインサロンのメンバーは意欲的に色々なチャレンジをしていました。

　未来会議は、友だち同士でやることも可能です。やり方は簡単、まずは、いまのつらいことを、遠慮せずシェアしあいます。そうして、すぐにはむずかしいけど、本当はどうなりたいのかを語り合って、では、いまは何ができそうか、提案し、励ましあいます。

先が見えないと思っていても、ひとに話すだけで楽になり、他人のことならよく見えるということがあります。
　あなたも未来会議やってみてね。

　リモートならではの楽しみといえば、ZOOM飲みでしょうか？
　これも最初は目新しくて楽しかったけど、飽きてきたというひと、ちょっと苦手だというひともいるでしょうか？

　ZOOM飲みならではのよさは、出かけなくてもひとと飲み会を楽しめることですよね。飲み会に出かけるといえば、おしゃれしたりメイクしたり準備が必要ですが、どんな服を着てもOK。

　そんな気軽さを生かしつつ、外で飲んでいる感覚で楽しみましょう。
　ZOOMでつながっていると、ずっとまっすぐ前を向いて、四六時中話していないといけない気がしますが、外で飲んでいるときって話していない時間も結構あるし、どアップで写っているわけではないので、下を向いたりしていますよね。

　ZOOM飲みも、リアル飲みと同じ感覚で話さない時間があったり、下を向いたり、席を外したりしてマイペースで楽しむといいんじゃないでしょうか？

　もうひとつ ZOOM 飲みのいいところは、みんな自分のペースで自分が飲んだり食べたりしたいものを勝手に楽しめることですよね。せっかくですから、おいしいお酒や料理を用意して参加してみるのはいかがでしょうか？

　わたしは、友だちやオンラインサロンの仲間やお客さまと ZOOM 飲みをするときは、フルーツカクテルやおいしいおつまみやランチを用意します。なんだか遠足の前のようにワクワクします。ZOOM だから自分の食べているものを見せ合ったりもできてそれも楽しいのです。

　というわけで、テーマを持つこと、マイペースで楽しむこと、しっかり準備してみること、などなどご紹介しました、新しい習慣だからまだまだ工夫の余地ありです。あなたもぜひ、新しい楽しみ方を見つけてみてくださいね。

46　ひとが分断されてつながれない？
　　コロナで生まれたつながりとは

「ひととひとが分断されるなかで、つながりを持つ方法ってありますか？」

　つながりが絶たれる環境になったからこそ、生まれたつながりがあります。

　ある日、フェイスブックにこんなグループが開かれました。

　コロナ支援・訳あり商品情報グループ

　これは、コロナウイルスの影響で、旬の発売時期を逃してしまう全国のおいしいものや、綺麗な花の生産者さんが、正規の価格よりかなりお安い訳あり価格で商品を発売し、参加者が購入できるグループで、40万人以上のひとが参加しました。

　わたしも、こちらで胡蝶蘭を購入しました。

　緊急事態宣言が解除されるタイミングだったので、これからの自分に、新規開店祝いのつもりで気分よく購入したのです。

　花持ちのいい胡蝶蘭は、2ヶ月近く、楽しませてくれて、ひとりで STAY HOME を乗り切った自分に自分でプレゼントができました。

　植え替えすれば、翌年も咲かせられると知り、YouTube で植え替えの方法を調べ、植え替えに必要な植木鉢や水苔、肥料などを買い揃え、植え替えにもチャレンジしてみました。

　鉢植えの花を育てることは、切り花以上に、命の存在を実感させてくれて、ひとり暮らしで、ペットも飼っていないわたしにとって、STAY HOME の相棒ができたようで、癒され心強かったです。

　胡蝶蘭は、開店祝いや、パーティー会場へのお祝いに贈られるもので、普通に花屋さんで花を買ってくるように買うことはあまりないですよね。

　コロナウイルスの影響で、店を開けることも、パーティーを開催することもできず、美しく咲いた胡蝶蘭が行き場を失うため、訳あり価格で販売されたのです。

　母の日のプレゼントにされているひともたくさんいました。

　収益は、通常よりもかなり下がるでしょう。ですが、非常事態が、ひとのつながりと自宅で胡蝶蘭を楽しめるという新たなつながりを生みました。

　すばらしいのは、弱音をはくことができて、手を差し伸べられる場所ができたこと。

「いまこんななんです、助けてください」と、普通に言えて

「わかりました。こんなことだったらできます」と、手を差し伸べる。

　さて、このことはなぜ、ひとが分断されたなかでどんなつながりを持てばいいのか案じるあなたの参考になるのでしょうか。

ひとの分断を乗り切り、つながりをつくるために
オススメのアクションは

 助けを求め、手を差し伸べ、応援しあおう。

　困っているひとに、助けるひとがボランティアを行うというよりもこれらの活動を、深刻にならず、楽しむこと。そして、おたがい得をすることを考えましょう。

　困っているひとがいて、それを助けるひとが現れると、そこにつながりが生まれます。

　自宅に胡蝶蘭の鉢植えを買うという、初めてで優雅な体験ができただけじゃなく、生産者の方と、メールのやり取りをしたり、グループに届いた鉢植えの写真を投稿して参加者のひとからいいねをもらったりのやり取りができました。

　見たこともない大きな箱で宅配されたので、この体験をフェイスブックのフォロワーさんに共有しようと思って、ライブで箱を開けるところを配信したところ、みんな興味深く見てくれました。

　さらには、植え替えをしようと思って園芸用品を注文したら植木鉢が割れていて、業者さんがお詫びにと、植木鉢を２つも多めに送ってくれたり、新たなつながりが生まれました。

何かを失うことは、何かを得るきっかけでもあります。

そして、失うことが新たな得るきっかけになるとき、そこには、応援したり、助けを求めたりという、ひとのつながりが存在しています。

非常事態にはならない方がいいけど、なってしまったら、ここからどんなつながりを生み出せるか考えて工夫してみると様々な新しいつながりが生まれます。ぜひ楽しんでみてくださいね。

47 社会の役に立てていない気がするときは、コンビニで一円募金をしよう

「自分は社会に貢献できていなくて、社会とのつながりがありません。誰かの役に立てたらつながりが持てるのでしょうか?」

社会に貢献するとはどんなことでしょうか?

多くの収入があり、納税を沢山できること?　ボランティアをすること?　影響力のあるひとになること?

あなたが普通に働き、日常を楽しく生きていたら十分社会の一員として貢献できていると思います。

社会に貢献できてない無力感を乗り切る、
オススメのアクションは

コンビニでありがとうと言ってお釣りを受け取り、募金箱に一円入れよう。

　募金をしなければならないなんてことはまったくありませんが、あなたが社会の一員として無力感を感じているならば、社会への感謝と応援を具体的に形にしてみることをオススメします。

　その募金がどのように使われるかなんてわからない、わからないけど応援を形にするところに意味があるのです。

　コンビニの店員さんに「ありがとう」とお礼を言うことも、社会をねぎらうことです。

　多くの額を募金する必要はありません。お釣りのなかの一円を入れるのでもいい。やってみるとわかりますが、お釣りを受け取るときにお礼を言うのも、お金を入れることも慣れるまでは気恥ずかしいです。

　普段、買い物をしてお釣りを受け取って、財布に入れるとき、お金が返ってきた！　財布に入れる！　と、意識をしていないと思います、ですが、そのなかから一円を募金箱に入れたとき、誰かのためにお金を使った感が自分のなかに残ります。それは、自分のなかのゆとりとなり、一円以上の体感をあなたにもたらします。

その感覚を感じた上で、聞いてください。

特別なことをしなくても、あなたの仕事やふだんの活動は、社会の役に立っています。それは社会全体を動かすような大きなものではなくても、自分と縁がある職場や家族や人間関係のなかで役に立っていて、それで十分なのです。

自分の手の届く範囲でひとの役に立てばいい。すべてのひとが、自分の手の届く範囲のひとの役に立っていたら、それが、社会貢献になるのです。

考えてみてください、ひとりひとりが機嫌よく働き、ひとの役に立ち、日常を楽しみ、自分の周りのひとにやさしくしている、そんな社会って素晴らしいと思いませんか。

その上で、社会の役に立っている実感を得たければ、できる範囲のことでいいのです。

わずかなお金を使うだけで、いや、お金を使わなくてもできる応援っていろいろあります。

社会を元気にしようとイベントを企画しているひとのブログ記事をツイッターにシェアするのもいいでしょう。

ひとの応援は、あくまでも自分が共感したら参加するのでいいのですが、応援することで自分も少し元気になったり、心にゆとりが持てそうなら、参加してみましょう。

そして、積極的に関わっていくと、必ず新しいつながりが生まれ、自分は社会貢献できていないという罪悪感がなくなります。

ことの大小は、まったく気にする必要がありません。何よりも大切な社会貢献は、あなたが自分の場所で、自分の日常を元気で楽しく生きていることなのです。

48　ゆるいつながりが孤独を救う、本音を はける仲間とともに乗り切る場を持とう

「気兼ねなく言いたいことが言えて、束縛もされないつながりを持つには、どうしたらいいんでしょうか?」

わたしは2018年の10月から、オンラインサロンを開いています。

オンラインサロンとは、フェイスブックなど、WEB のグループ機能で運営される月額課金のコミュニティです。

様々なテーマのオンラインサロンがありますが、わたしのオンラインサロン「ことばの魔法」では、文章や出版や人間関係や仕事について発信したり、ライブ配信をしたり、ZOOM やリアルのオフ会をしています。

これから出版される本の生原稿や、SNS には書かない、内

緒の企画や、世間で話題のことについてわたしはどう考えるの
か、作家という職業上、どちらかに偏ったことは公開していな
い立ち入った話など、有料でも参加してくれる仲間だからこそ
話せることをシェアしています。

　自分がひとにあたえられることはこれかなと思うことをテー
マに、オンラインサロンを始めたのですが、ひととひとが自由
に会えなかったり、ひとりでいると不安になる状況にあるとき
には。直接会えなくても仲間とつながれる場として、開いてよ
かったと思いました。

　ひととのつながりで孤独を乗り切りたいあなたに、
　オススメのアクションは

**ゆるやかにつながり続けられるコミュニティを
見つけよう。**

　あなたがひとりでいると孤独でつらいとか、ひととつながっ
ている実感がなくて漠然と不安を感じているなら、日常的に仲
間とつながるオンラインサロンのような場に参加することもオ
ススメです。

　わたしにとって、オンラインサロンは、実家の家族のような
存在です。
　毎日会ってはいないし、離れて暮らしているけど、縁はつな

がっていて、何かあったら頼れる、相手の日常を尊重しながら気にかける、そんな存在です。

　つながりの安心感と、立ち入りすぎない感覚が気に入っています。

　もちろん、必ずしもオンラインサロンである必要はありません。
　あなたが普段使っている SNS や、趣味やママ友とのグループラインなど、いまあるつながりを大切にしましょう。

　そう言うと、SNS でつながっているひとたちは、自分とのつながりをそんなに大切には思っていないんじゃないかと思うでしょうか？
　相手もあなたに対して強いつながりを感じていなくても OK です。自分にとってかけがえのない存在なら、つながっていてくれてありがとう、と、存在に感謝していたら、相手にとってもあなたとのつながりが大切になってくるんじゃないでしょうか。

　一番大切なことは、つながっているひとたちと一緒に生きている感覚を持つこと。この感覚は、何があっても仲間とともに乗り切れる大きな力になりますよ。

49 家族を愛せないあなたへ、
　　親が嫌いでも温かいつながりは持てます

「親に愛されず育ち、きょうだいも仲良くありません。家族に恵まれずに育ったひとは人生でよいつながりが持てない気がします」

　親が育児放棄をしたり、犯罪者だったなど、大変な生い立ちで育ったひとの話を聞くことがあります。

　わたし自身が個人的に共感するひとを思い浮かべると、そういうひとが多いです。

　わたしは愛情を持って育ててくれる普通の両親に育てられました。

　ですが、彼らの考え方と通じる部分があるのはなぜかと考えると、持って生まれた境遇を他人のせいにしていなくて、いまある条件を活かしきろうとしているところです。

　そういう意味では持って生まれた先天的な持病があるわたしも、親を恨むより、自分のいまの条件でどこまでしあわせな人生にするかに日々チャレンジしているので、共感するのかもしれません。

　親やきょうだい、家族を好きになれないあなたは無理しないでください。それでも、つながりはつくれます。

なぜなら、一番根本のつながりとは、自分自身とつながることだから。

　あなたに命がある、あなたがいま、生きていることそのものが、あなたとつながっていることです。

　そして、なぜあなたはいまここにいるのかといえば、ご両親があなたを生み出したからですね。

　こんなにつらい境遇なら生まれたくなかった、産んでほしいなんて言ってないと思うかもしれませんが、すでに生きているならこの人生を最高のものにしませんか？

　わたしも、いまの考え方のまま、先天的な病気がなければ、人生もっと楽にのびのび生きられるなと正直思います。

　ですが、いまの考え方になれたのは、いまのわたしの境遇だからなのですよね。

　あなたがいまのあなたなのは、いまのご両親だからあなたなのです。

　何が違っていても、わたしではなかったし、あなたでもありませんでした。

　親が嫌いなあなたに、オススメのアクションは

 自分で、自分を最高にしあわせにしよう。

　親やきょうだいを愛せなくていいし、会いたくなければ会わなくて構いません。

　まずは、一番近いつながりである自分をしあわせにしてみるのです。おいしいものを食べさせたり、やりたいことをさせたり、おしゃれさせたり、学びたいことを学ばせたりして自分を満たしてあげるのです。自分を満たしきれたとき、不思議と身内への恨みを感じなくなります。

　コロナウイルスの流行で、実家に高齢の親がいるひとは、しばらく会えていなかったりするでしょう。わたしも2021年5月現在、1年半以上実家に帰らず、父に会っていません。

　この状況で、家族って、つながりの源だなとつくづく思いました。

　普段、特に大切だと意識してなかったけど、会えなくて気にかけている感覚になります。この感覚が、家族を見守ってる感覚なんだなと思いました。

　家族のつながりとは、会える頻度ではありません。ここ一番、ひとりでは乗り越えられない事態が起きたとき、何をおいても駆けつけることもできるのが、家族であり、家族を守ることだと思います。

　自分は親や家族と仲がよくないから違うと思うでしょうか。これは、感謝しましょうという話ではありません。ただ、あなたがいま、激動のなか生き伸び、乗り切ろうとしているという

ことは、あなたのルーツがあるからです。

　特定の家族じゃなくてもいいので、自分のルーツがあって、自分がいることを感じてみましょう。ルーツによってあなたの命、あなたの存在は守られています。そのつながりを、自分もいま守って、守られている事実に目を向けてみてください。

　わたしは常日頃、LINE公式アカウントでおなやみ相談に乗っていますが、家族との関係のなやみをよくいただきます。

　家族を好きになれなくても、本当に困ったときにあなたを守るのは、縁です。その大切さにあなたが気づく日がいつか来るとわたしは感じています。

「恋愛・パートナーシップが
うまくいきません」

心から望むしあわせをつかむ
具体的なやり方

Step **7**

50 本当に縁があれば途絶えない、
恋愛は長いサイクルで考えよう

「いい感じになっていたひとがいたのですが、なかなか出会えないし、LINE しても既読スルーだし、送るのも虚しく感じます、これからどんな風に恋愛をしていったらいいのかわからなくなりました」

　物理的にひとと自由に会えない状況は、恋愛にも大きな影響を及ぼしますよね。本当にそのひととの関係が大切かをわたしたちに問いかけられました。

　つながりというものの概念自体が変わったとわたしは感じています。
　つながりが深いとは、会えるかどうかでは決まらないし、LINE の頻度で決まるわけでもない。会うこともできず、LINE を毎日しなくても、自分のなかにそのひととのつながりが存在しているかどうかが、そのひととの関係を決めます。
　会えなくても、自分のなかに確かなひととのつながりがあればだいじょうぶ。
　自分のなかにある確かなひととのつながりとは、コミュニケーションが取れなくて、相手からは何の反応もなくても、思い込みで相手とつながろうとすることではなく、何の作為もなくても自分のなかに存在している感覚です。

コロナウイルスが流行して以来、わたしは実家の父にあっていません。父は、LINE もしないから毎日連絡を取るわけじゃないけど、心のどこかで気にかけている、そういう感覚です。そんな気持ちになれる、大切な存在に気づいたひともいることでしょう。

　父と出会ってないからって関係が切れそうとは思わないし、姉からの LINE を 1 時間以内に返さないと関係が切れるとも思わない。自分のなかにつながりがあるというのはそういう感覚です。

恋愛をどう進めたらいいのかわからなくなったとき
オススメのアクションは

 恋愛というものを、長いサイクルで捉え直そう。

　会えなくなる、濃厚接触ができなくなるなど、非常事態が恋愛に物理的に及ぼす影響は計りしれませんが、本当に縁があれば、いま会えなくてもつながりは切れず、いつかまた会えます。家族と何年も会えなくても家族じゃなくなることはないように。
　いまこそ、そんなつながりをつくりあげてくださいね。

51 会えなくても心の手を離さないために、手紙を書こう

「縁があるひととは、会えなくても縁があるならば、何も連絡をしなくてもテレパシーで通じるってこと？」

失恋や失業など、ショックなことがあった日、めったにLINE してこない家族からLINE が来ることってありませんか?

そのとき家族はふと気になった、虫が知らせた、どうしているかな？ 元気かな？ と顔が浮かんだからLINE してみたという感覚だと思います。

無意識にいつも気にかけている感覚、だからタイミングが合うことがある、そんな感覚で、大切なひととともつながっておきましょう。

大切なひととのつながりに不安を感じたとき
オススメのアクションは

 虫の知らせに従い、手紙を書こう。

気軽に会えないとき、大切なひとには手紙を書くのもオススメです。

アナログな手紙には、会うことに通じる体温があります。

連絡の頻度や、内容は重視しなくて OK。気にかけていることを伝えることに意味があります。むしろ、重くない一言をさらっと送る。

　出会って、手をつないだり、軽くスキンシップする感覚で、軽い LINE や、手紙を送る。返事がある、ないにこだわる必要はありません。自分が気にかけていると伝えることに意味があります。

　LINE の既読スルーは恋愛では嫌われがちですが、非常事態

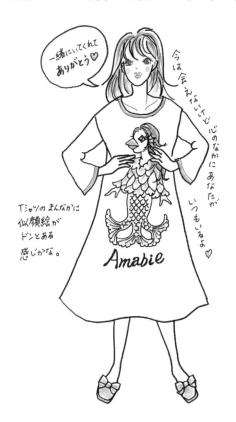

では、既読になったということは無事なんだ、って存在を感じでホッとします。

　非常時には、返事がある、ないにかかわらず、少しでも安心してもらえることはないかな、と自分にできることを無意識に考えていたりしませんでしたか？

　もしもあなたが、非常時にそういう感覚になったなら、この感覚を普通に会えるようになっても大切にしましょう。

　会えなくても心の手を離さないこと、いまそれを体感するチャンスなのです。

52　つながりは誰にも奪えない財産、
　　会う約束だけでもしておこう

「いつまで会えないのでしょう？　このままでは縁が切れてしまいそうで不安です」

　2011年3月、東日本大震災が起こった際、ツイッターがおおきな支えになりました。

　元気になれることばをつぶやくひとのツイートを読んだり、必要な情報を取り入れたり。情報にはデマもありましたが、ひとが、ことばを発しているのを感じるだけで、ひとり暮らしのわたしは、安心をもらっていました。

　しかし一方、いろいろな考え方のひとが主張していて、あま

りにも情報があふれすぎて疲れてしまうところもありました。

　情報に翻弄されるのは疲れるけど、つながりを絶つのはさみしい。そう感じたなら、どこの誰かわからないたくさんのひととつながるよりも、本当に大切なひととのつながりを大切にしましょう。

　そんなに大した内容じゃなくても、LINEを送る、既読になる、スタンプがかえってくるだけでもホッとします。既読になるだけでも、LINEを開けるということは、無事だということなのかと、ホッとしました。LINE電話は無料なので、LINEを送って、話したくなったら気軽にかけられるのもいいところです。

　可能ならZOOMで顔を見て話すのもいいですね。

会いたいひとに会えなくて不安なあなたに、
オススメのアクションは

 会う約束だけでもしておこう。

　出会えるまではもう少し時間がかかるときは、会う約束だけでもしておくのがオススメです。約束をすることで希望が持てます。

　約束をしても、不測の事態で会えなくなったりするかもしれませんが、約束しているだけでつながりを感じられ、未来の希望を共有できます。

　行事ごとにかこつけるのもオススメです。バレンタインに、

いまは会えないひとにチョコレートを送ったひとも多かったのではないでしょうか？　2月11日が誕生日の父は、甘いものが大好き。1年以上会っていない父に、チョコレートを送ったら、ケータイから電話がかかってきました。

　会えないときは、会える約束だけでもしておく。

　約束は愛情です。未来に希望をつないで、何が起こっても乗り切っていきましょう。

53 しあわせが断たれたと思うとき、
　　心から望むしあわせがわかる

「ネット婚活は苦手だし、全く縁がなくて、この先結婚できそうな気がしません。もういい年だし、わたしはひと並みのしあわせをあきらめるしかないのでしょうか」

　コロナウイルスの流行をきっかけに、ひとりでいたくないひとが増え、コロナ婚するひとが増えました。

　また、ずっと一緒にいることでストレスがたまったり、喧嘩が絶えなくなり、コロナ離婚したひとも増えました。

　恋愛や結婚に対して、周囲の目や、常識を意識して、心の底から自分が望んでいることではないことを選んでいたひとも、本当に望んでいたことは、ひとりで生きていくことだと気づいたり、逆に、ひとり暮らしをしていたひとが、誰かと助け合って生きていきたいと気づきました。

　結婚できる気がしないあなたに、オススメのアクションは

 あなたの望む結婚生活を明確にしよう。

　いくつになっても、世のなかでどんなアクシデントが起こっても、結婚やしあわせをあきらめる必要はありません。むしろ、年を重ね、非常事態を経験してこそ、自分が心から望むしあわ

せのカタチに気づきませんでしたか?

　結婚を躊躇する要因ととなりうることとして、おたがいの親との同居や、介護をどうするかということがあります。

　わたしは、ある二組の夫婦の話を聞いてなるほどと思いました。

　ひと組は、結婚した当初から、お母さんを介護してふたりで暮らす奥さんと、お父さんとふたりで暮らす旦那さんという別居カップル。

　もうひと組は、子どもたちも自立して、全国に散らばっていて、親の介護をしながら地元で定年後の勤めをする旦那さんと、単身で両親と暮らす奥さんという夫婦。一見、一家離散ととれるような生活スタイルです。

　その話を聞いたとき、以前の自分なら、さみしいんじゃないかなと感じたと思いますが、みんなが自由な形をとるようになったんだなと、可能性が広がるのを感じました。

　結婚すると人生が制約されると思っているひとも、婚姻届けを出した上で、どんな風に暮らすのも自由なら、気軽に生きたい人生を選べるなと、この二組のカップルの話をポジティブに捉えたのです。

　自分の親であっても、離れて暮らしていて、会いにもいけなくなることがある。それなら、移動がむずかしい高齢の自分の親と同居して、体力があってフットワークが軽いパートナーと

は、必要なときに行き来する、そんなライフスタイルもありですね。

　こんな形だとかわいそうとか、さみしいとか、間違っているとかいう常識は、いい意味でなくなった面もあるのではないでしょうか？
　必要なひととつながれる形でつながり、おたがいにとってしっくりくるしあわせの形を選べばいい。すごく風通しよくなったと思います。

　ある日突然、会えなくなる。こんなことなら、会えるときに会っておけばよかった。と思ったひともいたでしょう。
　ひとはひとりでも、結構生きていけることがわかったのと同時に、そんなひとりひとりが助け合えば、強く生きていけるんじゃないかと思いました。

　いつかは結婚したいとか、条件が揃えば結婚したいと思っていたひとも、条件をつけることの無意味さに気づいたのではないでしょうか？
　ぶっちゃけ、完璧な条件が揃うことなんて一生ありません。
　破れ鍋に綴じ蓋と言いますが、完璧じゃないいまの自分や環境でも、できることがあるし、できないこともある。
　そして、いまの相手にできることもあればできないこともある。そんな不完全なふたりが助け合えば、ひとりでがんばる以上に確かな乗り切る力を持てるでしょう。

　結婚に対して構えているとき、いまの自分は不十分だからと、自分を卑下しているからと思いがちですが、実は、自分が何をあたえてもらえるのか値踏みしています。

　いまの自分でもこんなことはできるから助け合いたいと思ったとき、自分がどう思われるか構える気持ちがなくなります。

　そういう気持ちになったからといって、すぐに縁があるとは限りませんが、やってもらうこと以上にできることに目が向き、役立ちたいと思えたとき、自分のなかに確かに自信が生まれ、そんなあなたにぴったりの縁を引き寄せるでしょう。

54　しばらく恋をしていないなら、
　　 うちを磨き、水回りの流れをよくしよう

「ひとに会えない環境で、恋愛にプラスになることってできますか?」

　恋愛は会う時間だけでは決まりません。恋愛を左右するのは、ひとりの時間をどう過ごすか、それに尽きます。

　なぜなら、どんな恋愛でも、会っていない時間の方が多いですよね。結婚したり同棲しても、一緒にいる時間の方が圧倒的に少ないです。

　と言うことは、いま縁がなくても、いやないからこそ、恋愛運、出会い運をこっそり高めるチャンスです。いますぐできることがありますよ。

恋愛運、出会い運に見放されているあなたに、
オススメのアクションは

> うちを磨き、水回りの流れをよくして、
> 丁寧に暮らそう。

うちを磨くことは自分を磨くこと。

水回りの流れをよくすれば、ひとの流れができて、出会い運を引き寄せます。

丁寧に暮らすとは、自分を大切に扱うこと。

自分を大切に扱うと、なぜか大切に扱われます。

この流れを公式のようにインプットしてください。

一見、気休めのようですが、不思議と見ていたかのように現実が変わります。うちが綺麗になってマイナスになることは何もないので、だまされたと思ってやってみましょう。

掃除機をかけ、床を磨いたり、水まわりを綺麗にすると、運の流れがよくなります。

部屋のそうじをすることは、心のそうじにつながります。

わたしも、原稿を書く前にはきそうじをします。

朝早い時間なので、静かに音の出ないほうきを使うことで、ホコリが目に見えます。心にたまったホコリをかき出すような気がしてスッキリ。気の通りがよくなって、心も頭もスッキリして、冴えた原稿が書けます（気のせい、気のせい）。

新しいサービスの募集をするとき、はきそうじをして花を飾ると、すぐにお客さまが集まるということがありました（気のせい？　いや、何度やってもそうなるので、ジンクスだと思っています）。

水まわりのそうじといえば、トイレそうじや、シンクの排水管の流れをよくすること。

水の流れをよくすることは、心のつまりを取り、物事が水のようにサラサラ流れることに通じます。

外とつながるところをきれいにするのもオススメです。玄関をはいたり、ベランダの土ほこりをとって裸足で歩けるほどきれいにしたら、心もスッキリしました。

朝からはきそうじをして、心のホコリを取ってスッキリして一日を始める。

STAY MOME だからこそ、うちの環境に目を向け、自分を快適な環境に置いてあげましょう。

まさにそれは、自分をもてなすことです。

自分を常時もてなしていたら、いざ大切なひとを招くことになっても焦ることなく余裕を持ってお迎えできます。

不要不急の外出を控えたり、外食できる時間が短くなれば、うち飲みにひとを招く機会ができます。そんなとき、サラッとひとを招けるように暮らしていると、なぜかそういう機会が巡ってきます。

これは単純に、恋愛対象になる相手を招けることに限りません。

同性の友だちを招いて、そう言えばこの辺りに、あなたに合いそうな知り合いが住んでいるんだけど、今度ご紹介していい？　などと、思いがけない展開が起こることもあり得ます。

大人数で集まることがむずかしくても、自分が自分のいる場所をオープンにしておくことで新しい風が入ってきて、新たな出会いを引き寄せることは可能なのです。

チャンスは準備ができているひとのところに巡ってきます。

自分をもてなし、よい環境においてあげることは、心の平安につながります。お金をかけなくても、ひとに会えなくても出かけなくてもできることって探せば案外たくさんあるのです。

外に刺激やしあわせがあると思っていたときには気づいていなかった、自分を取り巻く半径5メートル以内の豊かさに目を向けてみてください。

自分を綺麗なうちに住まわせる。地味なことですが、あなたの魅力を育てる最高のアクションです。やってみてね。

55　おいしいもので自分を満たすと、
　　人生が満たされる出会いがある

「出かけられない環境で自分を満たす？　そんな方法ないんじ

ゃないでしょうか？」

　コロナウイルスによる緊急事態宣言で、外食ができなくなったとき、テイクアウトを始めたり、ウーバーイーツの自転車も街でよく見かけました。
　あなたは、どんな食生活をしていましたか？

　うちのなかで鬱憤がたまっているあなたに、
　一番オススメのアクションは

 自分においしいごはんをふるまおう。

　出かけられなくて気持ちが沈んでいるときは、おいしいものを食べましょう。
　おいしいものをテイクアウトすると、お店のひとも助かるし、自分自身も満たされ、そんなに大きなお金を使わなくてもお店の応援ができます。

　わたしは STAY HOME をきっかけに、ごはんをつくって食事の写真を毎食撮り始め、何を食べたか記録することを１年続けました。
　メイクをするとか、服を着るのは外面のおしゃれですが、おいしいものをつくって、写真に撮って、どんなものを食べているかを認識することは、体のなかのおしゃれです。
　自分磨きのひとつとして、自分の体のなかに入れる食べ物を、

美しく、おいしくしましょう。自分の体内に入れるものを丁寧に美しくすることで、尊厳が保てます。

何も、すごく高級なものを食べなくてもいいんです。自分にできる範囲で、これを食べられてしあわせ、こんな綺麗なものが自分のなかに入るなんて豊かだな〜と思えるものを選んで食べましょう。おいしく食べること、バカにできません。

バカンスに出かけたり、実家に帰ったりできなかった2020年の年末、2021年のお正月は高級お節料理が売れたそうです。

わたしも、実家には帰りませんでしたが、重箱に詰めるようなお節料理が食べたいとふと思い、ひとを招いてできる範囲でお節料理をつくりました。普段からかわいく盛り付けて公開しているので、ひとにもサッと出せます。自分がおいしいものを食べていることが、出会いにもつながります。満たされているひとのところになぜか縁が巡ってくるのです。

手軽に自分を満たせる、食べること、大切にしてみてくださいね。

56　会わずに関係を深めるには、
　　　一緒にいなくても寄り添うこと

「これからの人生、助け合って生きていきたいひとがいるのですが、なかなか会えなくて縁を深めるチャンスがありません。そんな環境でパートナーシップを育てるにはどうしたらいいんでしょうか?」

　物理的にひとに会えないときも、できることはあります。

　注目してほしいのは、あなたがそのひとに会えない間も、そのひとの人生は続いているということ。もちろんあなたの人生も。

　わたしたちは、会わなくても共に生きています。

　共に生きていて、なおかつ、同じ日常を生きているひとはひとりもいません。家族でも、同棲している恋人同士も、同じ空間にいても感じていること、見ている世界は違うのです。これをパラレルワールドと言います。

　つまり、会っていても会っていなくても、同居していてもしていなくても、自分自身の人生を生きていることには変わりはありません。

　大切なひとに会えないジレンマになやむあなたに、
　オススメのアクションは

 **会えなくてもあなたの日常のなかで、
そのひとを大切にしていよう。**

　わたしは、2016年に母を亡くしました。

　それ以降、うちに大きな母の写真を飾って、毎日線香をあげていますが、いつも母と一緒に生きている感覚があります。朝線香をあげるときや、一日の始まりに手を合わせて心のなかで母と会話します。

そんな感覚で、いま会えない大切なひとの存在も、これから出会うひとの存在も、ゆるく意識しつつ、自分自身の日常を生きていればいいんです。

共に生きている感覚になると、相手が自分に何をしてくれるか、自分のことを好きでいてくれるかとは違う感覚になります。

自分に何をしてくれるのかで愛情を測るのは他人軸で、自分自身がただ気にかけているのは自分軸です。

恋愛、パートナーシップこそ、自分軸で生きて初めて成就するのです。

57　セックスが嫌いなあなたが、しあわせな恋愛や結婚を望むなら

「セックスが苦手です。好きなひとができても、体の関係になるタイミングで振られてしまいます。こんなわたしは、恋愛や結婚はできないのでしょうか?」

セックスは多くのひとにとって重要なことで、パートナーとの子どもをもうけたいなら必要不可欠ですよね。

ただし、必ずしもなくてはならないものではありません。

子育てをしたいなら養子縁組もあります。

また、コロナウイルスの流行で、すでに恋人同士や夫婦で、体の関係があるカップル以外は、新規でセックスするような関係がつくりにくくなるという現実にわたしたちは直面しました。

　それは、セックスが苦手なひとにとって、関係がつくりやすい環境ではないかと思います。いまこそ、あなたのようなひとに、大いに恋愛して欲しいと思います。

セックスが苦手なあなたに、オススメのアクションは

> 自分の体を愛し、セックスにこだわらない
> パートナーをさがそう。

　あなたは自分の体が好きですか？
　セックスが苦手な理由に、自分の体が好きじゃない、見られるのが恥ずかしい、体に関することで嫌な経験をしたことがある、ということはないでしょうか？

　まずは自分の体をやさしく、愛してあげてください。
　お風呂にゆっくり入ったり、丁寧に体を洗ったり、気持ちのいいタオルで体を拭いたり、やさしくマッサージしたり、自分自身とよい肉体関係を持ちましょう。

　セックスが嫌いだけど、自分で気持ちよくなる方法を知っているなら、恥ずかしがらず、どんどんやりましょう。
　過去にあなたの心身を傷つけるひとがいたとしても、いまのあなたには関係のないことです。あなたはあなたにやさしくしてね。

自分の体が好きじゃない、スタイルがよくない、などのことでなやんでいるならスタイルアップを目指すのもいいけど、いま現在の体にやさしくしてくださいね。ダイエットがうまくいくには、いま現在の体を受け入れることが大切です。

　いまあなたが、セックスが苦手なら無理はしないでください。無理して受け入れていることが、相手には喜ばれていると受け取られ、ますます求められて、トラウマになりかねません。
　ひとの感性は多様化していて、男性もセックスにこだわらないひともいます。以前からこういうひとはいたと思いますが、そのポリシーを発信するひとが表に出てきたと言いましょうか。

　セックスしないで恋愛や結婚を望むなら、明確にしておいてほしいことがあります。
　セックスが苦手なあなたが、普通にセックスしたい男性と付き合った場合、他の女性と体の関係を持ったり、風俗店に行ったりしても OK でしょうか。

　また、もしかしたら、体の関係を持つほどには好きなひとに出会っていないだけかも知れません。本当に好きになったら、自分はセックスが好きじゃないけど、好きなひとが望むなら応えてあげたい、と応えてみた結果、ブロックが外れてセックスが好きになることもあり得ます。

　いまは、自分の感性のまま、無理しないでいる。だけど、い

まの自分の感性が自分のすべてだと思わないこと。

セックスとはこういうものだとわかるほど、あなたはたくさんのひととセックスをしたわけではないですよね。

セックスはひとによって千差万別です。あなたと相性のいい、愛を感じられる出会いがこれからあるかも知れません。自分の可能性をあきらめないでくださいね。

長年連れそう夫婦の多くは、若いときは激しく求め合っても、だんだん人間対人間としてセックスがなくても心で寄り添い合える関係になっていきます。

セックスなしで恋愛や結婚を望むあなたは、すでにその境地にあるとも言えます。

抱かれなくても一緒にいたいと思えるひとに出会うこと、抱かれなくてもそのひとに愛され続ける自分でいること、体の関係を持たなくても、人間対人間としておたがいに価値を感じる相手との出会いを本気で目指してみてくださいね。

セックスがなくても魅了できるひとになる、チャレンジしがいがありそうですね。

58　好きなひとが結婚していたら？
　　不倫に踏み切る前に確認したいこと

「家庭があるひとを好きになってしまいました。やっぱり不倫はいけないことですか？」

あなたは、10年前に買った服をいまも着ていますか?

20歳のとき、めちゃくちゃ気に入って買った服を、30代、40代になっても気に入って着ているかといえば、そんなことはレアだと思います。流行も変わる、体型も顔立ちも変わる、むしろ、着ていたら、自分も周りも違和感を覚えるかもしれません。

20代のとき惹かれあい、恋をして結婚をしたふたりが、生涯添い遂げられたら素晴らしいことですが、歳を重ねて心身ともに不一致が起こり、外に目を向け不倫をするふたりもいます。

モノが合わなくなることは普通なのに、夫婦になると罪になる?

不倫って、いけないことでしょうか?

わたしは、連れ添えたらラッキー、不倫が起こることも普通にありうると思います。ただ、結婚すると、子どもができたり、人生のパートナーとしていろんなつながりができてくることで、20代のように惹かれあっていなくても、意志を持って選びつづけることがパートナーシップだと思います。

放っておくと不一致になりそうだけど、意志を持って選びつづけることもできる、これが服のようなモノと、人間の違いです。

不倫が起こるとき、不倫をしたひとだけがいけないのではなく、されたほうも、なにもしなくても関係が変わらないと過信

していて、惹かれ続けるための意志が足りなかったのかもしれ
ません。

　不倫をしてでも手に入れたい縁があるなら、いろんなところ
に折り合いをつける必要があります。誰も傷つけずには、なり
立たない関係です。
　同じタイミングで不倫したくなったならともかく、不倫に目
覚めたのはあなたですから、あなたが行動を起こすしかありま
せん。
　ですが、不倫をするひとの多くは、悪者になりたくない気持
ちが強く、どっちもつかずで、結果的にどちらも傷つけている
ことが多いように思います。

不倫を成就させたいあなたに、オススメのアクションは

 誰を傷つけても不倫相手を選ぶ覚悟を持とう。

　子どもを傷つけるとか、結婚相手を傷つけたくなくて、いま
の家庭にはもう未練がないのにどちらも選ばないでいることは、
子どもや結婚相手に失礼です。
　逆の立場になって、自分を愛してもいない相手が、自分を傷
つけたくないからしょうがなくあなたから離れないでいるとし
たら、あなたはどう思いますか？
　それならばむしろ、１歳でも若いうちに離婚して慰謝料や養
育費を払ってもらって、自分は子育てをしながら、本当に自分

を愛してくれるひととの出会いを求めたいとわたしなら思います。

　子どもは犠牲でしかないと思いがちですが、親同士の関係が冷めているのを、親が思う以上に子どもは察知しています。子どもだから我慢してもごまかせる、子どものために自分を犠牲にしようなんて子どもに失礼です。

　父親、母親個人として、精神状態をよくしてそれぞれの立場から、余裕を持って協力して子育てをする、そんなあり方を追求してみるのもいいんじゃないでしょうか。

　結婚相手を1億人と面接したなかから厳選したわけでもなく、結婚当初と心身ともに変化しないわけじゃないから、パートナーがいまの自分と合わなくなることはまったく不思議ではないこと。

　ですが、マンネリでもそこにしあわせを見出すことも可能だし、そこから、いまの自分と、いまのパートナーが新たに出会い、合わないところから関係を築くことにチャレンジするという選択肢ももちろんあります。
　それによって、不倫を踏みとどまり、新たないい関係が築けて、子どもを無事成人させられた、という未来もあるかもしれません。

　往々にして不倫するひとには、優柔不断なひとが多いと感じますが、不倫を成就させることほど覚悟が必要なこともありません。

　人生は、どんな選択も自由です。

　不倫に踏み切る前に、覚悟はできているか、自分と相手に問いかけてみてくださいね。

あなたはひとりじゃないよ。

「喪失感で生きるのが つらいです」

もうだいじょうぶ！ 全肯定で未来を照らす方法

Step **8**

59 外で何が起こっても、
あなたのいる場所を居場所にしよう

**「いつまでもコロナのせいにしていられないのに、わたしには
戻る場所がありません」**

　2020年に猛威をふるったコロナウイルス。

　2021年6月現在、残念ながら完全終息はしていませんが、共
存する方法も身についてきた。だけど、わたしには戻る場所が
ない…こんな声が聞こえてきました。

　これは、特別ネガティブな感覚ではなく、仕事や人間関係が
なんとなく縮小して、心も元気にならないまま、状況だけ日常
が戻ってきて、これからどうしたらいいのかと思っているひと
は、結構いるんじゃないでしょうか?

　コロナに限らず、日常生活に支障をきたす事態に陥ったとき、
考えておく必要があるのは、どんな状況になっても、必ずおさ
まる日が来るから、そのとき、戻れる場所をつくっておくこと
です。

「コロナが落ち着いたら、会おうね」

　STAY HOME のさなか、なかなか会えない遠方のひとと、
そんな約束をよく交わしました。口約束でも、戻れる居場所を、
いろんなところにつくっておく。自分には戻れる場所がある、

そう思うことで、希望を持てます。この居場所とは、他人に関わることとは限りません。

　自分は、こんな風に生きていこう。自分の取り組んでいるこれが、わたしの居場所だ、と思える何かを見つけられたなら、それがあなたの居場所です。

　わたし自身、2020年、自分は今後の人生をこうやって生きていこうと、明確なプランを持つことができました。

　これからの自分が、ずっとひとりで生きていくのか、いつまで健康に暮らせるのか、人生は、いつ何が起こるかわかりませんが、アクシデント大歓迎です。このプランは、変わらないことを前提にするのではなく、いつ変更があっても臨機応変に対応できるよう、自分自身はこうあろうと決めることを指します。

　今後も、長期にわたって、ひとに会えない状況に陥る可能性はありますが、わたしはいかにして今後の人生の過ごし方や、自分の居場所を見つけたのか、やっていたことをお話しします。

　実は、ひとり暮らしなのか、ひとと住んでいるのか、平和な世のなかなのか、非常事態なのかどうかは、自分の居場所を確立できるかには関係がありません。

　むしろ、究極の状態になってこそ、明確になることがあるとわかりました。よかったら、参考にしてみてくださいね。

　誰にも会えない、会う見通しも立たなかったとき、わたしは、自分自身とたくさんの会話をしました。

いまできることを書き出したり、今後の活動をどうするかをたびたびＡ４の紙一枚にまとめました。すると、あれもできる、これもできるとアイデアがわいてきました。一枚の紙にまとめ、見渡せる状態にしたら、状況を把握できて安心できました。

物事を、いまできることと、いまはできないことにわけ、いますぐできて、やってみたいことを自分にさせました。必ずしも特別なことではありません。

おいしいものをつくって食べるとか、うちにある服でおしゃれするとか、うちを綺麗に保つとか、温かいお風呂に入るとか、いつでもできるようなことです。楽しくて心地よく、できたらSNSで公開できて、ひとにもいい影響をあたえそうなことを増やしていきました。他のひとが共感してくれることなら、ひとりで始めても居場所になるからです。

また、いまはできないけど、ひとに会えるようになったらこんなことをしようと楽しい計画を書き出しました。

いますぐ実行できなくても、書き出して、やりたいことがあると認識することで、未来に希望を持てました。

居場所がないと思うとき、オススメのアクションは

自分ととことん会話して、
自分のいる場所を居場所にしよう。

一番の居場所は自分自身です。誰かが入れてくれるから居場

所ができるのではありません。ひとがいる場所でもいない場所でも、心地よさを感じられて、自分が居場所だと思えばそこはあなたの居場所です。

　まずはひとりでもつくれる居場所をつくりましょう。出かけられない、ひとに自由に会えない非常事態は、居場所をつくるのに最適です、なぜなら、外に出られると自分より他人のこと、他人があたえてくれる楽しいことに目が向き、気が散るからです。

　不自由なときこそ、自分とじっくり会話して、自分の望みをかなえてくださいね。

いますぐできること
・おとりよせする
・ジェラートピケでおうち服を買う
・ホールケーキを作ってみる

おちついたらできること
・海外旅行に行く
・ライブに行く
・みんなで飲み会する

いますぐできることおちついたらできること

楽しみが2倍ある!!

いますぐできないこともあると楽しみがふえるね!!

60 もう見栄はいらない、
　　等身大で本音全開で生きよう

**「嫌なことしかないと思うとき、どんな風に気持ちを切り替え
たらいいでしょうか？」**

　大きな声では言えないけど、ぶっちゃけコロナになって、よ
かったこともない？

　本当のところ、楽になった気がする。たくさんのひとを集め
ることも、すごいひとに会いに行くことも、実は結構しんどか
った。無理する必要がなくなってホッとしてる。

　豪華な旅行に行くことや、友だちが多いこと、話題の高級な
お店で、贅沢なごはんを食べること、楽しいけど、やってない
とイケてない気がしてがんばりすぎてたかも。

　嫌なことしかないと思うとき、オススメのアクションは

> **実はよかったと思っていることを見つけて
> 自分の本音に気づこう。**

　みんなそうしてるから、そうじゃないとイケてないような気
がして、自分もそうしていたけど、本当は、ひとと張り合うの
はしんどいし、ひとりでのんびり、ささやかに暮らす方がわた
しには合っている、なんて思わなかった？

おしゃれな店に行って、料理をインスタグラムにアップするより、うちでごはんをつくって出来たてを食べる方が好き。いちいちSNSにアップして、いつも誰かに見せることを意識するのに本当は疲れていた。誰の目も気にしないいまの状況がしっくりきている。

　STAY HOMEで、うちでひとりでゆっくり過ごすってすごく心地いい、などと自分の本音に気づいたひともいるんじゃないでしょうか?

　見栄を張ることができなくなったとき、解放されたような気分になったひともいますか?　あなたもそう?

　そうです、いまや見栄を張ることは一切、必要なくなりました。

　自分にとって、無理のないこと、等身大で心地よいことを選んでも、まったく問題がなかったですよね。

　そもそも、ひとは自分に一番心地のよい行動を選んでよかったんです。

　「無人島に、何かひとつだけ持っていけるとしたら、何を持っていく?」なんて話をすることがありますが、まさにそんな状況になったら、自分は何を選ぶのかを問われた気がします。

　これからは本音で、あなた自身が心から望むものに囲まれて生きていきましょう。

61　いま手放すものはいま必要ないもの、
　　本当に必要なものは戻って来る

**「コロナで仕事を失い、がんばって働いて買ったブランド品を
メルカリに出しました。残念です。いま手放すともう二度と手
に入れられない気がします」**

　だいじょうぶです。

　いま手放すものは、いまのあなたには必要がないものです。

　いまは持っている必要がないから、手放すことになっただけ
です。

　だけど、あなたに必要なものはちゃんと残ります。戻ってき
ます。それはどういうことか、イメージしやすい話をしますね。

　あなたは春に、持っている服のなかから春物の服を着ますよ
ね。いまは、冬服は着ないで、冬になれば冬服を着るでしょう。
春に冬服を出しておくことはありません。

　ただ、冬服をしまっておくからと言って、冬服が大切なこと
には変わりないけど、いまはいらないからしまっておくだけで
すよね。

　さらに言えば、同じ春服でも、ワンピースを着ている日は、
スーツは着ないし、ジャージも着ません。いまのあなたに必要
なものは、日々移り変わります。

　だから24時間、自分にとって大切なものすべてを握りしめて

いる必要はないのです。

　大切なものを手放す必要に迫られて残念なあなたに、
オススメのアクションは

 いま手元にあるものを大切にして、
「またね」と気持ちよく送り出そう。

　春に冬服のことを考えないように、いま持っていられないものはタンスにしまって放ったらかしておきましょう。
　これは、物事に対する執着にも言えることです。
　執着をなくすことは、なかなかむずかしいですが、強制的に手放さざるを得ない状況は、その感覚を身につける格好のチャンスです。

　人生のなかでは、自分のしたい仕事ができなくなったり、会いたいひとに会えなくなることもあります。
　あなたが持っているものが、あって当然ではなくなるときは、春に冬服を着ないことと同じく、いまは必要ないから追わなくていいだけのこと。必要なときは戻って来る、本当に必要なら手元に残る、そのことを信じていてくださいね。

62 絶望とは希望、終わりこそがはじまりです

**「人生に絶望して生きる気力を失いました。もう、立ち上がれ
そうもありません」**

これが絶望ってものなのか…。
そんな風に感じる経験をしたことがありますか?
わたしは、あります。

全財産、仕事、健康、結婚を約束していた彼氏、友人関係…。
当時の自分にとって、人生に必要なものを一度にすべて失った、
これが絶望ってものなのかと思える経験でした。
わたしが、インターネットの恋愛相談サイトで、勝手におな
やみ相談に答え始め、ネットで文章を発信し始めたのは、その
経験がきっかけです。
つまり、わたしは人生に必要なすべてを失う経験をしたこと
によって、いまこの本を書いているのです。
元気に生きています。なにを失っても、わたしはわたしを失
いませんでした。

それでも、すぐに立ち上がれたわけではありません。
2年くらい、何をしていたのか思い出せない時間があります。
他人からみて、だいじょうぶ、やり直せるよと言われても、
自分にとって、すべてを失った、絶望だとしか思えないときは、

すべてを失っているのです。

喪失感は、自分のものです。理解されなくても、悲しんでい いし、傷ついていい。

　すべてを失ったと感じたあの日、わたしのなかに湧き上がっ たことばがありました。
　それは「社会に顔があるひとになりたい」ということばです。
　ひとの役に立ちたい。いや、おまえ自身をなんとかしろって 感じですが、どんなことなら役に立てるのか、ネットを検索し てたどりついたのが、恋愛相談サイトでした。

　自分が、おなやみ相談に向いているとは気づいていませんで した。いまおなやみ相談に答えておけば、将来作家になれると いう計算もなく、目の前にある、いまの自分にできそうなこと が見つかったと、相談に答えてみたら思いがけない反応をもら ったのです。
「わたしにも、ひとに必要とされることがまだあった…」
　その事実は、当時のわたしに希望を見せてくれました。

　そして、わたしは思い出すのです、小学３年生のころ、担任 の先生が、家庭訪問に来て母に言ったことばを。
「この子は、文章が書けたら他のことは何もできなくてもい い」
　そのことばは、当時のわたしにとって、正直全然うれしくあ

りませんでした。わたしは絵も得意だし。よくコンクールに選ばれているのに、できることは文章だけじゃないよと思ったのです。

　しかし、確かに、日記を書けば5段階評価で最上級の5重丸をよくもらいました。

　何より、そのとき先生が言ってくれたことばを、おとなになっても覚えているほど、わたしの人生を決定づけたのです。そのとき、絵をほめられていたら、「わたしには絵の才能がある！」とわたしの潜在意識に刻まれたかもしれません。

　わたしのなかには、当時から、自分は文章が得意だという自信が潜在意識にプログラミングされていたと思います。

　ですが、おとなになって恋愛相談に回答するとき、わたしはそのことを忘れていました。わたしにおなやみ相談したひとから感謝されることによって、そう言えば、とわたしは当時のことを思い出したのです。

　すべてを失ったわたしを救ってくれたのは、子どものころ、これができれば他は何もできなくていいというほど、先生がみとめてくれた文章力だったのです。

　文章を書いて、相談に答えたから、本を出して、社会が非常事態になっても、おなやみ相談に答えたり、出版する方法を教えたりできています。

　あなたに必要なものは、必ずあなたのところに戻ってきます。

きっと、あなたが予想しない形で。

　だからどうか、絶望の先には必ず希望があると信じてください。

　全てを失い、絶望したあなたに、オススメのアクションは

> 心の底から湧き上がる声に耳をすませよう。
> そこにヒントがあるよ。

　あなたが喪失感を覚え、絶望したとき、心の底から湧き上がってくる声をあなたは聞くでしょう。その声にしたがって、行動を起こしてください。

　終わりこそがはじまりです。絶望の後に未来が開けます。だから、何があっても大船に乗ったつもりでいてね。

63　安心は自分のなかにあると気づけば、
　　心に平安が訪れる

「コロナの完全終息っていつになるんでしょうか？　そのときが来ないと心の底からは安心できません」

　不安が消えないときは、しっかり心の栄養をたくわえましょう。

　心のたくわえは、お金をたくわえること以上に、大きな安心

につながります。

　一見、問題が解決しない限り、安心できない気がするし、それを解決するための財力もないとなると、ますます安心できない気がしますが、心のなかが不安でいっぱいなら、どんなにお金があっても、安心にはつながりません。

　なぜなら、安心とは、これだけの条件が揃えば必ず担保されるというものではないからです。

　では、どうしたら心の底から安心できるのか？

　たとえば、マスクをすることについて考えてみましょう。

　スーパーや電車で、マスクをつけていない知らないひとが、自分に近づいてきたら、多くのひとは落ちつかないと感じるかもしれません。

　自分が感染しないか心配になり、かつ、マスクをつけていないひとのことを、このひと感染しないかな？　とちょっと心配するでしょう。

　この場合、マスクをすることが、ひとを安心させてくれます。

　ですが、猛暑のなか、一瞬もマスクを取らないで歩いていたら、熱中症にならないか、そちらも心配になります。

　そこで、周りにひとがいないところでは、時々はマスクを外そうとか、他人がたくさん集まるところでは、相手に伝えるでもなく、適切な距離を取ろうなど、どっちに行っても問題がありそうなとき、ひとは最適解を模索し始め、自分を自分で守る思考が働くのです。

心の底から安心したいあなたに、オススメのアクションは

 自分のなかに安心基準を持ち、だいじょうぶと思えることを選ぼう。

　わたしたちはいま、だいじょうぶだと思える方を、自主的に選んでいます。

　だいじょうぶと思える度合いがひとによって違うので、時として論争が起こりますが、何が正しいのかわからないとき、大切なのは、自分のなかに安心基準をしっかり持ち、それを信頼することです。

　わたしたちは、自分を不安にさせるものを排除したいと思っています。

　確固たる対応策が見つからないなかで、言われ始めた「WITH コロナ」ということばに、多くのひとが、最初は抵抗感を持っていました。

　ですがいま、すっかり定着しています。

　共存するしかない状況にあるからです。

　「乗り切る力」の趣旨は、まさに「WITH コロナ」。

　何があってもだいじょうぶと思える生き方とは、コロナと共存する世界でも、だいじょうぶと思える生き方のことです。

　はっきり言えば、コロナを発症してもだいじょうぶと思える生き方の提案です。

　本当の安心とは、何も起こらないから得られるのではなく、何が起こっても自分はだいじょうぶと思えたとき、初めて得られるのです。

　あなたに近いひとが、コロナに感染する経験をしましたか？もしかして、あなた自身が感染しましたか？
　いつ、誰が発症するかわからない、一度発症したらもう発症しないとは言えない、身近なものになってしまっているコロナですが、実は、わたしたちはいま、心がコロナに侵されないように、抵抗力を身につけているのです。

　わたしたちは、無意識に恐怖と折り合う方法を少しずつ身につけています。それはまさに、コロナの抗体を獲得するようなことです。

　誰もが、口にはしなくても、もしも自分が発症したらどうするかなんて状況を、シミレーションしてみたことがあるでしょう。
　発症しないに越したことはないけれど、発症してもだいじょうぶだと心の底から思えたなら、あなたの心に、そこはかとない平安が訪れるでしょう。
　だいじょうぶ、あなたは日々、強くなっていますよ。

64 抵抗力をつけたきゃ元気出せ！
元気とはテンションあげることじゃないよ

「コロナに感染するかしないかは運のような気がしますが、自分の心の持ち方で抵抗力をつけることはできないでしょうか？」

　これからどうなってしまうのだろう…

　わたしたちは不安に陥り、街が止まりました。経済も止まりました。

　いま、わたしたちは、止まらないで乗り切る方法を模索しています。本当のダメージを受けているのは、いまかもしれません。

　そんないま、わたしたちを元気づけてくれるものがあるとしたら…

　自分のあり方で抵抗力をつけたいあなたに、
　オススメのアクションは

 お腹の底から元気出せ！

　え？　そんな雑な。元気なんて出ないよ…と思いますか？抵抗力を高め、元気を出すことこそコロナの抗体を獲得することではないかとわたしは思います。

　商売が立ちいかなくなることがあった。

　街が動かなくなることもあった。

　だからこそ、それでも元気を出して商売をしているひとの姿を見て、それだけで元気をもらった経験、ありませんか？

　誰かを元気づけようとしてではなく、そのひとはただ、自分の場所で元気を出して働いている。商売が立ちいかなくなることだって、普通にあることを知ったからこそ、その姿に光を感じたのではないでしょうか。

　平和なときは、しゃかりきに仕事しないほうがカッコいい、売り込まないのに売れちゃいました！　と言ってるほうがスマートで、商魂たくましいとガツガツしていると敬遠されがちでした。

　ですが、非常事態を経験したいま、元気を出して商売しているひとの姿をみると「そうか、自分もまだまだやれる」と元気づけてもらった気になれました。

　社会が分断されたと言いますが、考えようです。

　直接会えるひとや、自分のために何かしてくれているひとではなく、それぞれの場所で元気を出して働くひと、暮らしているひとの存在から、自分も元気をもらえると知りました。

　個人的には、あれから、街のひとみんなが同志になった感覚があります。

自分と関係のない分野であっても、商売をがんばっているひとには、応援の気持ちが湧きますし、見えない連帯感を覚えるのです。

　さぁ、元気を出せと言われたら、無理だと感じるかも知れません。ここで言う元気とはテンションをあげて周りのひとを元気づけましょうということではなく、ただ、あなたの場所で懸命に生きること。
　ありのままのあなたの姿に、あなたの知らない誰かが元気づけられているのです。

　他人を元気づけられる自分になることは、回り回って自分の元気にもなります。
　それぞれのひとが、自分の場所で元気を出すことで、元気の循環が起こり、何があってもくじけない社会、つまりみんなが集団免疫を獲得した社会になるとわたしは思っています。
　そのつながりを、何物も分断することはできません。
　あなたも、まだ見ぬ誰かの元気になってみませんか？

　そんな気力がない、というあなたはぜひ、朝起きたら窓を開けてください。
　わたしは毎朝7時に、空を見上げて写真を撮り、思い浮かんだことばを添えて、インスタグラムのストーリーに投稿しています。朝から空を見上げると、自然に気持ちが上向きます。
　これは、わたしが主宰する出版塾の受講生さんが始めた、な

なそらという企画で。わたしもななそら仲間として楽しく参加しています。あなたも一緒にやってみませんか?

　大雨が降ったり、地震や津波が来たり、自然はひとを惑わせることもありますが、少なくともコロナが来たから太陽が出なくなる、なんてことはありません。
　あなたが失業した日も、失恋した日も太陽はのぼり、朝が来ます。
　それは、何があってもあなたはだいじょうぶということ。自分のなかから元気が出ない日は、すべてのひとに降り注ぐ太陽から元気をもらってくださいね。

65　コロナうつで死にたくなったあなたへ、　死ぬ前に読んでください

「コロナうつで、もう死にたいです…」

　うん、しんどいですよね。ちょっと叫んでみましょうか。
「全部コロナのせいだ───バカヤロー!」
　罵声であっても愚痴であっても声を出すと少し発散されます。

　あなたの死にたいということばには、生きたいという思いを感じます。本当にうつのときは、死ぬ元気もないと思います。

> これから提案することを、
> やれそうな順に試してみよう。

　行動を起こさなくても OK、こういう可能性もあることをまず文字で確認してみて。横になりながらでもいいよ。

◎**疲れが取れるまで眠ろう。**

　本当にしんどいときは、休みましょう。何もしないで、よく眠ってください。心がふさいでいるときは、心と体の疲れが取りきれていません。

　何もする気にならないけど、眠ることもできずにしんどいときは、体を動かしてから寝るのもありです。わたしは寝る前にダンスをして、ひと汗かいて、心地よく疲労して寝ていますが、お風呂にゆっくり浸かるのもいいですね。

　エネルギーを消耗してすぐ寝ると、疲れが取れやすく、少しずつ、朝スッキリ起きられるようになります。

◎**自分のいる場所を快適にしよう。**

　心が散らかっているときは、部屋が散らかっています。

　心に元気がないときは、自分のいる場所を快適にしましょう。いきなり片付け！　と言ってもハードルが高いかも知れません。

毎日必ず何かひとつ捨てるところから始めるのもいいし、自分
でできないなら、業者さんに来てもらうのもアリです。
YouTube で仕事ぶりを公開されている良心的でやさしい業者
さんもあります。できないことをプロにお願いすることはなん
ら恥ずかしいことではありません。うちが散らかりやすいひと
は、がんばりやさんでひとに頼れないやさしいひとが多いとか。

　プロにお願いして、自分のいる場所が快適になったら、それ
からは毎日１個捨てるのはいかがでしょうか？

　わたしは毎日、何か捨て、それを記録しています。習慣にな
るとゲームのように楽しくなって、ひとつものを捨てるたびに
心が軽くなりますよ。

◎朝、窓を開けて外の空気を吸おう。

　あなたの仕事や生活はコロナ以降変化しましたか？

　テレワークでうちにいたり、ひとにあまり会えないでいると、
どうしても昼夜逆転するかな。

　元気がないときは、うちが乱れがちで、カーテンを開けるの
もためらわれますが、うちが綺麗になってきたら、毎朝窓を開
けて外の空気を入れることをオススメします。ゴミを捨てに行
くのもちょっとした朝の散歩になりますね。

　朝から外に出て朝日を浴びることは、単純だけど一日のいい
気分につながります。

◎体を動かしスッキリしよう。

　ちょっと元気が出てきたらオススメしたいのが、体を動かすことです。

　まったくやったことがないなら、YouTube で3分くらいのダンス動画を見ながらやってみるのはいかがでしょうか?

　わたしも STAY HOME をきっかけに運動を始めました。「コロナで体がムッチリしてきた!」と気づいたことが始まりでした。

　まず、3分くらいのダンス動画を見つけ、音楽に合わせていたらあっという間に終わり、他にもないかなと探して、いまは50分くらいのメニューをできるときにやっています。「STAY HOME でスタイルアップ」と題して、10Kg 近くやせ、目標体重になりました。まずは100日続けようと思って始めましたが、1年続いています。

　この経験を通して、自分の体のことがわかり、これまで意識をしたことがなかった健康に意識が向きました。

　健康、つまり命。これまでこんなに自分の体に意識を向けたことはなく、そのきっかけはコロナでした。

　わたしはもともと、ダンスも運動も苦手です。中高生時代体育は1か2でした。

　ですが、おとながうちで運動をするのにすごい体力も運動のセンスも必要ありません。誰のためでもない自分のための運動ですから。

　あなたは運動が好きですか？　どんなことでもいいので、体を動かしてみる、自分の健康に関心を持ってみることをオススメします。

◎花やペットを育ててみよう。

　命を意識すると言えば、うちに花を飾るのもいいよ。
　わたしは、STAYHOME期間に胡蝶蘭の鉢植えを買いました。胡蝶蘭がうちにあるだけで優雅な気分になります。鉢植えの植物は、切り花より育てるという感じが強くて命を実感できました。
　胡蝶蘭は、次の年も咲かせられると聞いて、植え替えセットを取り寄せて、これまでやったことのなかった園芸をやってみました。残念ながら植え替えには失敗しましたが、育てている間、命を感じて、同志がいるようで心強かったです。
　ひとにはなかなか会えないときは、ペットを相棒として迎えるのもいいね。
　自分のお世話は面倒に感じるとき、花やペットを世話してみたら、また自分をお世話してみる元気が戻るかも知れません。

◎自分を不安にさせるニュースを見るのをやめよう。

　毎日ニュースが流れ、何人感染した、クラスターが発生したなんて話を聞いていると、街もひとの心もコロナ一色に染まっている錯覚を覚えます。

ですが、ひとはコロナ以外の病気や事故でも亡くなっています。

　インフルエンザで亡くなるひとや、交通事故で亡くなるひと、コロナ以外の病気で亡くなるひとはもっといます。コロナだけが恐怖のようになったため、インフルエンザの患者さんは減っているそうです。

◎安全を守っているひとたちに目を向けよう。

　コロナになって、すごいなと思っていることがあります。

　近所のスーパーは、すぐにソーシャルディスタンス対応で、レジ前に間隔をあけて並ぶ指示がされたり、銀行のソファーには、椅子と椅子の間にぬいぐるみが置かれて、ひとが密にならないように工夫されたり、対応策が取られています。

　コンビニの店員さんも、お医者さんも、食べ物屋さんもがんばっています。

　普通の日常を維持することに、ひとがこんなにがんばっていることを意識したのは初めてです。だけどそれは、いまに始まったことではなく、日常を維持するためにみんな働いていました。それって、すごいことだったんだと改めて実感しました。

　そしてあなたも、わたしも、この状況下で生きていますね。

　ZOOMで有志が集まって、コロナウイルスと闘うすべてのひとにありがとうの拍手を送る「ありがとうの拍手」という企

画をやったことがあります。

　思いつく限りの、コロナと闘っているひとたちを挙げてねぎらい、ただ拍手をするというだけのことですが、心が温かくなりジーンとしました。

　コロナうつになって、死にたいと思いながらも生きている自分に、おつかれさま、ありがとうと言ってみてください。あなたの生活を支えている、街の働くひとたちにも、おつかれさま、ありがとうと言ってみてね。

◎**コロナが終息したらやりたいことを楽しみにしよう。**

　体が元気になったら、少し先のことを考えてみましょうか？
　STAY HOME になったとき、友だちに会って外食できたらどんなにしあわせだろうかと思いました。
　わたしはひとり暮らしなので、実に72日ぶりに友だちにあったのですが、そのときの楽しさ、一緒に食べたご飯のおいしさなど、いまでも印象に残っています。

　コロナが終息したらやってみたいことはないですか？　どんな疫病でも、永遠には流行り続けません。いつかおさまるときがきます。もう少し生きて、その瞬間を体験してみませんか？　乗り越えたからこそ味わえる感動を、わたしはあなたと一緒に味わいたいです。
　最後にわたしから、あなたをねぎらわせてください。

おつかれさま、ありがとう。

66 もう死にたいと思ったとき、 いつもと違うことを選んでみて

**「生きている意味がわからなくなりました。自ら命を絶つこと
はダメでしょうか」**

　死にたいと思うこと、自分という存在を消してしまいたいと
思うこと、それは自由で、誰にも止められない。

「周りのひとが悲しむよ」
　死んでしまいたくなるほど、物事を、受け止めるひとは、す
ごくすごく、そういうこと、考えてるよね。
　むしろ考えまくって、悲しませることに耐えられなくて、自
分を消したいと思う。
　だけど、周りのひとは、自分を喜ばせてくれるあなただから、
あなたに生きていてほしいのではなく、どんなあなたでも、た
だあなただから、いてほしいと思っている。

　もう死にたいと思っているあなたに、オススメのアクションは

 いつもと違うことを選んでみて。

いつもと違う飲み物を飲んでみて。

いつもと違う道を歩いてみて。

いつもと違うものを食べてみて。

死にたいと思うときって、他に道がないと思っていたりする。だけど道は無数にあって、少し横に逸れたら、歩いたことがない道があって、そこには違う世界がある。死にたいと思った時点でもう死んだと思ってみる。今からは新しい人生を生きると決めて、いつもと違うことを選んでみるんです。

自ら命を絶ったひとたちは、他人から見ると、消える理由なんてないと見えるときもある。見た目がよくて、人柄がよくて、打ち込める仕事もあって、才能もあって、ひとにみとめられて、多くのひとに愛されているひとが消えてしまうことがある。

消える理由なんてある？　わたしがあのひとなら、消えたりなんかしない。

多くのひとから見ると、そう言いたくなるひとがいる。

わたしは思いました。ああ、なやまないひとなんて、いないんだなと。

このひとは、生をまっとうされたひとなのかも知れないと。

無念だったら、案外、消えようとは思わない。

無念なまま、消えるのは、それこそ無念だから。

消える、消えない。それは自由だ。誰にも止められない。

　ただ、消えたいと思いながら、消えるかどうか迷ってるなら、いまいる世界がつらいことも、消えてしまいたいと思うことも、弱いとかダメだとか思わなくていいから、同時に、他の世界も存在していることに、目を向けてくれるとうれしい。

　道はいくつもあって、どの道を通るかで、行き先が大きく変わるように、行き止まりだと思ったとき、一本違う道を通ってみたら、そこには見たことのない店があり、会ったことのないひとがいる。

　いまいる場所から外れることを、負けたとか逃げだとか、思わなくていいから一本違う道に入ってみてほしい。

　いまいる道だけが道じゃない。違う道だってあることに、ひとりで考えていると、気づかないかも知れないね。

　だから、消えたいという、思いが浮かんだときは「消えたいと思うことがあるんだ」って、ひと言、弱音をはいてみてください。

　いまね、みんな少しずつ、ナーバスになっている。

　自分が疲れていることに気づいてなくて、弱音、はいていいんだ。これはしんどいことなんだって、あなたの話を聞いて、ほっとするひともいるかもしれない。

　「しんどいね。わたしもそんなことある」って共感してくれるひともいるかもしれない。

　「そうなんだ、だいじょうぶ？」って、普通に受け止めてくれ

るひとも、あなたの周りにもいると思う。そのひとはきっとあなたを無理に元気づけようとはしない。

　わたしは、そんなひとでいたいと思う。

　そして、無念なことがあって、消えたいかもしれないと思っているひとは、その無念こそが、生きる力になってくれる、あなたの味方なのだと気づいてください。

　他に道はないのか、無念じゃなくしてみる、チャレンジをしてから、それでも消えたいか、もう一度考えてみて。

　だけど、あなたが選ぶ道があなたの道です。

　わたしは、あなたがどんな人生を選んでも、その選択をリスペクトします。

67　コロナにかかったあなたが、
　　その経験を乗り切る力に変える方法

「コロナにかかってしまいました。退院はできたし、この経験をSNSで発信して役立てたいと思うのですがやる気が起きなくて、そんな自分がもどかしいです」

　乗り切りましたね！　どうぞお大事にしてください。

　コロナにかかって、復活したひとがYouTubeで発信しているのを見ると、この病気は本当に千差万別で、退院して復活したらすぐにバリバリ働けるひともいれば、後遺症でスッキリし

ないひともいるようですね。

　コロナにかかった体験を YouTube で発信したり、ブログに体験談を綴っているひとを見ると、自分もそうしなきゃと使命感が湧いたり、この経験は、関西風に言うと「おいしい」ので発信したいのに…ともどかしく思うかもしれませんが、決して焦らないでくださいね。

コロナから復活したのに経験を生かせず焦るあなたに、
オススメのアクションは

 ## 心身ともに「乗り切った！」と思えるまで休もう！

　病院の診断では出てこない、休息がいまのあなたには必要なのかも知れませんし、あなた自身が気持ちはあっても行動がついてこないなら、いまのあなたにとってそれがベストなのです。「すっかりよくなった！　もうだいじょうぶだ」と思えるまで休息することが、いまのあなたに一番必要なことです。

　タイムリーに発信できない自分を責めたくなるかもしれませんが、コロナにかかり、復活できて、体験談をシェアしたいのにやる気が起きないその経験こそが、貴重な体験談です。
　どれくらい休めば元の生活に戻り、やる気が起きるのか、そこを検証して SNS にシェアするのも興味深いですが、外に向けてシェアすることより大切なことは、あなた自身の人生にど

う役立てるかです。

　きっと数年後「あのときは、コロナをよく乗り切ったなー」とやがてあなたの味方になってくれることは間違いありません。

　体を張ったあなたの体験はあなたのもの。誰にも奪えないあなたの味方なのです。

68　何があってもだいじょうぶと思えたとき、人生は本当にだいじょうぶになる

「理不尽なことにプラスの意味なんてあるんでしょうか？」

　わたしが、この本で伝えたかったことを。ことばにするとしたら「何があってもだいじょうぶ」このひとことに尽きます。

　スーパーに行くと、ソーシャルディスタンスと言われ始めたころ、密にならないように貼られた、レジの前のテープがすっかり剝がれています。ですが、人々は誰に言われることなく、間隔をあけて並んでいます。

　人々は、服を着るように思い思いにマスクをしています。

　人間、捨てたもんじゃないですね。

　理不尽を乗り切りたいあなたに、オススメのアクションは

 起こることすべてを受け入れよう。

疫病も災害も、誰も望んでいません。それでも起こってしまったなら、無理に必要なことだったんだとか、困難を味わうことが正しいんだとか思う必要はないけど、ただ受け入れるだけなら可能です。

「大変だけど、だいじょうぶ。何が起こっても悪いようにはならない」と。

　状況は悪いけど、嫌だけど、うれしくはないけど、でも悪いようにはならないのです。

　これまでだって、そうじゃなかったでしょうか？　大好きなひとに振られたあの日、もう生きていけないと思っていたのに、いまも生きている。何があっても明日は来て、いまは過去になり、いま起こったことを乗り切って、次を乗り切ろうとしている。

　起こることを受け入れ続けるのが、生きていくということかもしれません。

　あなたはどうして今日まで来れたのか、それは心の奥底で、何があってもだいじょうぶとわかっているからです。どんなにつらいことも乗り切ってきたから、やがてだいじょうぶになり、そのだいじょうぶがずっと続いているのです。

　だから、これからも乗り切っていけます。ジタバタしても逃げたくなっても、あなたならだいじょうぶ。

　乗り切ったね！

Epilogue
あなたの乗り切る力を信じよう！

　この本を書き始めた2020年４月。

　緊急事態宣言が出され、街が止まり、経済が止まり、ひとが分断されました。

　ここを乗り切るために、自分ができることはないのか。

　自分ができることといえば、文章を書くこと。それが本の形になったら、困っているひとに届けられるかもしれない。執筆依頼があったわけでもないし、企画が通る保証はない。だけどいてもたってもいられず、この文章に「乗り切る力」とタイトルをつけて、書き始めました。

　あのときの思いが本の形になり、あなたに届けられたことをしあわせに思います。お届けするまでには少し時間がかかりましたが、いまこそ、乗り切る力が必要なときではないかと思います。

　この原稿を書いている傍らでは、数々の困難を乗り越えて東京オリンピックが開催されました。

　日本がこれまで参加したオリンピック史上最多の金メダルを、日本人アスリートは獲得しています。

　賛否両論あるなか、出場を決断し、そこに挑んで勝利を収める集中力。

とてつもない乗り切る力を、わたしたちに見せてくれました。

　あなたも、非常事態を乗り切って来ましたね。

　あなたなら、これから何があってもやっていけます。誰のせいでもない、誰のせいにもできない、理不尽は起こらないほうがいいけれど、そこを乗り切ったとき、ひとにはお金を払っても身につけられない乗り切る力がついています。どうか、あなた自身の乗り切る力に自信を持ってください。

　最後に、あなたにオススメしたいアクションは

あなたの乗り切る力を信じよう！

　それでも、人生いつ何があるかわかりません。困難は何度もやってきます。土砂降りの日も、また嵐が来る日もあるでしょう。だけど止まない雨はなく、ひとは、困難に出会うたびに乗り切る力をつけ、強くなります。

　もう立ち上がれないと思ったとき、思い出したらまた、この本を開いてください。

　そのとき、わたしもどこかで、乗り切っています。

乗り切っていこうね！

藤沢あゆみ

藤沢あゆみ　ふじさわ あゆみ

10人中9人が振り返る先天的な見た目の症状を抱え
つつ、友だちに好かれる方法を幼少時代から研究。
どんな条件に生まれ育っても、ひとや物事を肯定的
に捉え、しあわせになる恋愛、人間関係論を構築。
2003年より恋愛を中心に27冊、累計70万部の書籍を
上梓。その活動が NHK E テレ「ハートネット TV」
に取り上げられ大きな反響を集める。
対面、ZOOM、メールによる個人コンサルティング
30000件超、雑誌「anan」による信頼できるカウンセ
ラー20人に選ばれている。
ゼロから出版をかなえ、作家活動を続けている経験
を生かし2020年「藤沢あゆみ出版塾」をスタート。
後進の作家を育成している。ひとのつながりを分断
させないオンラインサロン「ことばの魔法」、個人コ
ンサルティングで何があってもフラットかつポジテ
ィブに困難を乗り切る方法を伝授し続けている。
テレビ・ラジオ・雑誌取材多数。著書に10万部を突
破した『1秒で彼を夢中にさせる本』(KADOKAWA)
『モテ本！』(大和書房)、ほか多数。

無料でなやみ相談に答える LINE 公式アカウント、
SNS、オンラインサロン、出版塾など、すべての活
動へはこちらからどうぞ。

何があってもだいじょうぶ！

乗り切る力
SOSの自分を救い出すセルフケア8ステップ

第一刷　2021年9月30日

著　者　藤沢あゆみ

発行人　石井健資

発行所　株式会社ヒカルランド
　　　　〒162-0821　東京都新宿区津久戸町3-11　TH1ビル6F
　　　　電話 03-6265-0852　　ファックス 03-6265-0853
　　　　http://www.hikaruland.co.jp　　info@hikaruland.co.jp
　　　　振替 00180-8-496587

本文・カバー・製本 —— 中央精版印刷株式会社
DTP —— 株式会社キャップス
編集担当 —— 溝口立太

地上の星☆ヒカルランド　銀河より届く愛と叡智の宅配便

世界は自分で創る〈上〉
著者：Happy
四六ソフト　本体1,620円+税

世界は自分で創る（下1）
著者：世界は自分で創る
四六ソフト　本体1,851円+税

世界は自分で創る（下2）
著者：世界は自分で創る
四六ソフト　本体1,851円+税

世界は自分で創る（下3）
著者：世界は自分で創る
四六ソフト　本体1,851円+税

神楽坂ヒカルランド
みらくる
Shopping & Healing

大好評
営業中!!

東西線神楽坂駅から徒歩2分。音響
チェアを始め、AWG、メタトロン、
ブルーライト、ブレインパワートレーナーなどの波動機器をご用意して
おります。日常の疲れから解放し、不調から回復へと導く波動健康機器
を体感、暗視野顕微鏡で普段は見られないソマチッドも観察できます。
セラピーをご希望の方は、お電話、または info@hikarulandmarket.
com まで、ご希望の施術名、ご連絡先とご希望の日時を明記の上、ご
連絡ください。調整の上、折り返しご連絡致します。
詳細は神楽坂ヒカルランドみらくるのホームページ、ブログ、SNS で
ご案内します。皆さまのお越しをスタッフ一同お待ちしております。

神楽坂ヒカルランド みらくる Shopping & Healing
〒162-0805　東京都新宿区矢来町111番地
地下鉄東西線神楽坂駅2番出口より徒歩2分
TEL：03-5579-8948　メール：info@hikarulandmarket.com
営業時間11：00〜18：00（1時間の施術は最終受付17：00、2時間の施
術は最終受付16：00。イベント開催時など、営業時間が変更になる場合が
あります。）
※ Healing メニューは予約制。事前のお申込みが必要となります。
ホームページ：http://kagurazakamiracle.com/

ヒカルランド　　好評既刊！

地上の星☆ヒカルランド　銀河より届く愛と叡智の宅配便

変わる勇気
見失った心を取り戻す
著者：内山エナ
四六ソフト　本体1,800円+税

ネガティブな感情は着脱可能です。あなたは感情の扱い方を知らなかっただけ。自分に誠実に生きてください。見失った心を取り戻していきましょう。あなたが幸せでいるためにただ心を整えてください。その鍵は「わたしどうしたい？」と自分の声を聞くことです。全く新しいメンタルトレーニングをご紹介します。「これがわたしの性格だ」と感じているものは全て思い込み、感情のからくりを知ればなりたいあなたは自由自在です。

開運心願に導く最強の味方！
《守護神》との超対話
著者：まありん
四六ソフト　本体2,000円+税

開運心願に導く最強の味方！　読むだけで波動が上がり、《守護神》に100％応援されるゾーンへ！　笑って気づいてホロッと泣ける〜ジェットコースター物語を追体験しながら、人生の迷路（課題）をクリアする手順と「魂の望み」に繋がる方法を学べる──空前絶後＠人生迷路ゲームの攻略術を大公開。《特典満載》〜天上界との超対話必須アイテム＆実践活用術〜★宇宙最強の形霊！　守護神と繋がる御守マーク付き★守護神と繋がるワーク★守護神との対話ノート……etc.

自然治癒力と直観力の目覚め
発酵生活で新しい私に生まれ変わる
著者：栗生隆子
序文：奥平亜美衣
四六ソフト　本体1,750円+税

病院で治らなかった難病も家庭で完治できた！　いつだって無理なくリセット・再生・好転できる、菌たちが教えてくれた"いのちのめぐり/宇宙の法則"。「発酵の宇宙」に意識をゆだね共生／調和の世界を体感すれば、自然治癒力と直観力が花開く──すべてが光へと動き始めます。発酵生活研究家でFacebook「TGG 豆乳ヨーグルト同好会」管理人の著者が、家庭で簡単にできる発酵生活の実践法を紹介、内から"自分本来のきれい"に回帰できる生き方レシピを初公開。

地上の星☆ヒカルランド　銀河より届く愛と叡智の宅配便

創造の法則
著者：奥平亜美衣／阿部敏郎
四六ソフト　本体 1,800円+税

すべてを内包する禅宇宙へ──「引き寄せの法則」（奥平氏）と「非二元の世界」（阿部氏）二人のカリスマが新たに紡ぐ『今を生きる羅針盤』。既に願いが叶っている「魂の設計図」を歩む方法とは？　あなたが本当に望んでいること＝「すべてであるあなた」に目覚めるための新たな人生創造テキストガイド。「引き寄せの法則」の原点は、宇宙全体が自分自身という「非二元の世界」にあり。それは自分が創造していないものなどないというただひとつの真理《創造の法則》にたどり着きます。現実創造の仕組みと、魂本来の望みを叶える要諦がここに。

魂のブループリントノート
著者：エルアシュール
Ａ５ハード　本体 2,200円+税

大人気！　重版8刷突破の『魂のブループリント』がノートになって帰ってきた！　7週間で自分本来のパワーを目覚めさせる実践ガイド。魂に刻まれた本当の自分は「パーフェクト」です！　自分本来の魂を生きると宇宙と共鳴・共振し、すべてがうまくまわり出す。あなたが宇宙で決めてきたプランを生きるため、星が導く「使命」を書き出し「繁栄」のループへ！　さぁ、星をよみ、汝を知り、運命を呼び覚ましましょう！　生まれる前に設定してきたブループリントとは？／自分の持つ星は使命を果たすための切り札／このノートの使い方……etc.

あなたが本当に《幸せ》になる方法
著者：奥平亜美衣
四六ソフト　本体 1,685円+税

引き寄せのベストセラー作家が自己啓発の核心を書き下ろし！　幸せを選べば、あなたはすべてを引き寄せる──カリスマコーチが明かす《愛・善悪・運命・悟り》その深くてシンプルな教えとは⁉　人生の疑問に光の答えをもたらす最強の一冊！「本書は、本当に自分の行き方を変えようと、幸せになろうとする人のための本です。あなたが幸せになるために、幸せである方法、そして結果として、あなたのすべての望みを叶える人生の秘密を解き明かしていきたいと思います。これを試みたとして、あなたが失うものは何もなく、得るものは果てしないでしょう」（奥平亜美衣）。